ちくま文庫

大阪 下町酒場列伝

井上理津子

筑摩書房

純米吟醸
酒楽座

久保田 新潟
一人娘 茨城
手取川 石川
天狗舞 石川
黒龍 福井
九平次 愛知
黒牛 和歌山
天野酒 大阪
呉春 大阪
西の関 大分

剣菱 兵庫
酔心 広島
賀茂鶴 広島
梅錦 愛媛
司牡丹 高知

駅前留学
自宅でテレビ電話レッスン
お茶の間留学
海外留学
こども駅前留学(3才~12才)
NOVA KIDS
阪急梅田
☎(6374)05
新梅田食道
道街
新梅田食
おいしい発見!!
新梅田食道街
マクドナル
ハンバー

イオンクレジットサービス株式会社
www.aeonmarket.com
NOVA
おいしい発見!!
ストレートコーヒー
今週のコーヒー
ブラジルサントス
¥450

目次　本書に登場する店

カメラマン・牧田　清
レイアウト・倉地亜紀子

はじめに

今日もよく働いたわ、という日。「ちょっと一杯いこか」と、暖簾《のれん》をくぐるのが好きです。できれば、気のおけない友人と一緒に、控えめにたたずむ店へ。

「まず、ビール」

と喉をうるおしてから、夏場は刺身、冬場はおでんを頼むのが、私の定番だ。ちょこっとつついてから、やおらメニューをにらんだり、ぐるっと周りの客たちが食べているものを見たり。その店の得意の品を何品か頼み、

「焼酎のお湯割り。梅干し落としね」

そうして、「ちょっと一杯」のつもりが、いつのまにやら深みにはまり……。

ぐだぐだとしゃべり、おかわりし続ける私たちも、その店の柱を黒光りさせ、テーブルの角を丸くしていく要員となるのかも。などということは、そのときは思いもしないのだが、多くの年輩店主の笑顔が何をか語らん。

古くからやっている、味のある店が好きです。財布に二千円、三千円しか入ってい

なくても、そわそわすることなく飲める店がとりわけ好きですが、ごく稀に万札が飛んでも納得ずくの店なら安いと感じます。

この本には、「うまい」「安い」に加えて、四半世紀以上の歴史を刻んでいる二十九軒の大阪市内の居酒屋とその主を紹介しています。大阪の味な下町居酒屋の、ちょっとしつこいガイドとして、紙上で下町風情を楽しんでもらえれば幸いです。

格安値段に込められたオッチャンの人生

◎大正　クラスノ

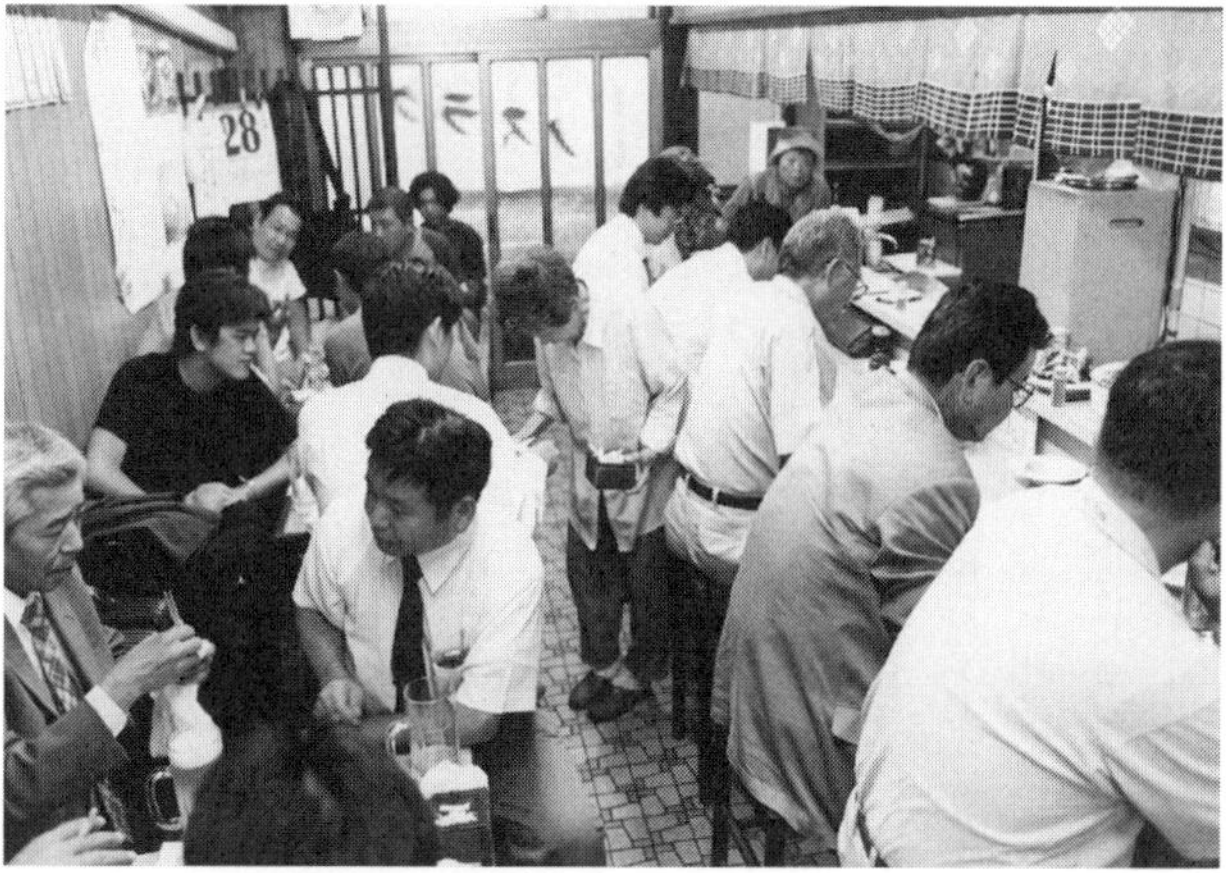

大阪市大正区三軒家東1-3-11　TEL06-6551-2395
5：00PM〜9：30PM　水曜・土曜・日曜・祝日定休

「生あることに感謝」とほほ笑む店主の人生が、そのまま店のヒストリー。

おまかせコース六百円

環状線と地下鉄の大正駅から徒歩二分。六時少し前、真っ白い生地に「クラスノ」と紺色の文字が染められた暖簾がひるがえるその店へ突っ込んだ。

ガラガラガラ。アルミサッシの戸を開けると、

「まいど」

三十代後半とおぼしきエプロン姿の女性の、やや低音の声に迎えられた。

「奥へどうぞ」

入り口近くの左手壁面に調理師免許と、もう一つ黄ばんでよく読めない賞状の入った額縁。右手壁面にはなぜか世界地図が貼られている。カウンター十席ほどと、小さなテーブル席が三つ。ネクタイ客とスポーツシャツ客が半々くらい。この時間にして、七割方詰まっている。当方、この日は二十代の女友達と二人連れ。ほかに女性客は一人もいないが、ありがちなこちらへの視線をただの一つも感じないのがうれしい。

奥のカウンター席に座ると、目の前に八十歳に近いのではと思える、しかし元気そうなオッチャンがいた。そう、この人に違いない。この店をすすめてくれた友人が「たまらん味のだし巻きを焼く大将」と言ったのは。

ビールを注文したら、つきだしが出てきた。連れにエンドウ豆の卵とじ、私にゴマメ。どちらも、小皿にこぼれんばかりの大盛り。

「これ、サービスね」

店のおかあさんが言う。

「追加で同じもん注文したら四十円な」

と、隣席のスポーツシャツおじさんが教えてくれる。へぇー、めっちゃ安いんや。

「こ、この値段見てくださいよ、井上さん」

と同行者。で、ワープロ打ちされたメニューを見て驚いた。

《くわ焼き（各2本ずつ）／こんにゃく田楽150円／きも150円／ささみしそ巻き150円／えのき茸200円／ピーマン肉詰め200円……》。湯豆腐100円、ヤッコ100円、だし巻き250円、ゲソ天300円、おにぎり100円……。

「くわ焼きおまかせコース『松』六百円やて。信じられへん。ねぇねぇ、これしません？」

初回だからそれもいいかも、である。名物のだし巻きとおまかせコースを注文し、オッチャンが焼いてくれただし巻きと、目鼻立ちがそのオッチャンそっくりのおにいさんが焼いてくれたくわ焼きに箸をつけた。

結果は——。ふふふ。笑みがこぼれてきたのだった。お皿にドーンとのって出てきただし巻きは、ふわふわで口に含むとほんのり甘みが広がる、どこか懐かしい味。塩味の効いたイカ、ささみしそ巻き、ソースがドバッの肉、カレー風味のレンコン肉詰め……と、ころ合いに六品出てきたくわ焼きもいけるいける。どの品も超ジャンボ。ちょっぴり濃い目の味付けではあるが。

「もうあかん。食べられへん」

と言いつつ全部平らげ、その間生中二杯ずつと大瓶一本飲んで一時間半、勘定は二人で三千四百八十円なり。

お客さんが得する店

「ねぇねぇ、こういうのかわいいですよね」

と同行者が言ったのは、カウンターの端に打った長い釘に、栓抜きが十本ぶら下がっている図。枠だけ本物の木で、表面がベニヤ板のカウンターはピカピカだし、次々入って来る客を座らせようと先客が自発的に詰めて座る思いやりの光景も気に入った。混んでくればくるほど、いい〝顔〟になる店だと私は思う。オッチャン夫婦と息子さ

オッチャン、オバチャンと息子さん夫婦。まさに家族経営

ん夫婦の家族経営だろう。

手がすいた折りを見はからって、オッチャンにしゃべりかけてみた。

「この店、もう長いことやってはるんですか」

「昭和二十四年から。シベリアから引き揚げて来てからですわ」

「シベリア？」

「そや、抑留されてましてん。(昭和）二十二年五月の第一弾の引き揚げ船で帰って来ましてん」

「そやったんですか。苦労しはったんですね……。あの〜、店の名前クラスノってどういう意味ですのん？」

「シベリアの町の名前ですねん。クラスノヤルスクいうて、零下五十度になる。冷凍室と同じ温度。私、そこにおりました」

これで、壁に貼られていた世界地図の謎が解けた。ほら、これ見て、と渡されたマッチ箱にこう印刷されている。

《クラスノヤルスク　ソ連の中央に当る街です　抑留中の苦労をしのび　いかなる難関にもたえ　今をくいなく　我が身をやしない　世の為人の為》

「海部総理からもらわはった〝抑留の表彰状〟を壁に貼ってあるの、見て帰りや。この店の料理が何でも大盛りなのは、言わはらへんけど、大将、抑留中にお腹いっぱい食べたかったからと違うやろか」

と、袖すりあった芸術家風長髪のお客が、小声で言ってよこした。

「ほんまにおいしいて安いですね」

と言えば、オッチャンは目を細めてこう返す。

「儲けよて思たことないから、二十年間一回も値上げしてへんの。おいしいて安いねんから、お客さん来はって当たり前。お客さんが得する店やねんから」

シベリアに抑留されて

松原豊一さん、一九一六年（大正五）生まれの八十四歳。奈良県田原本から、一九三〇年（昭和五）、数え十五で大阪にやってきた。住み込んだのは、港町の餅饅頭屋。ミナミの色街から注文を受け、十日戎《とおかえびす》に四トンの饅頭を作ったことが記憶に鮮明だ。

一九四二年（昭和一七）に開拓団に参加し、旧満州へ。広大な農場で、はじめは小麦栽培、後に羊の改良に従事した。一九四五年（昭和二〇）一月に、同郷の奥さんと結婚。そのわずか四か月後に現地召集された。一兵卒だったが、「そんな怖い目には遭わんかった」らしい。ところが、敗戦間際のソ連軍参戦で事情は一変。シベリアに抑留されたのだった。

「嫁はんのお腹の中に子どもができたと聞いたのも、終戦の年の十月に女の子が生まれてまもなく栄養失調で死んだと聞いたのも、復員してきてからです。シベリアでは、何もかももうおしまいやと思てました」

　厳寒の地、クラスノヤルスクでトマトの苗作り指導などをしたが、その間の配給食糧は一日に三百グラムのパン一個だけ。四六時中空腹。飢えや苛酷な労働で抑留者六万人が命を落としたのだから、その間の苦労は想像を絶するものだろう。

50余年前から変わらぬ道割り、店構え

オッチャンは言う。

「生《せい》いうもんがいかに大切か、です」

　ナホトカから乗ったぎゅうぎゅう詰めの引き揚げ船から日本が見えたとき。奈良に帰って奥さんに再会したとき。「もう、言葉にならん」のである。その後、一九四九年（昭和二四）に土地勘のあった大正に夫婦で出て来て、店をはじめたのだった。

運良く生きて来れたから

「最初は回転焼き屋やったんです。店開けて十日目に食べに来た女の子が鶴町の旅館で仲居をやってる子で、『仕事が辛いねん、こんな店で働きたいわあ』言うから、『ほんならうちへ来るか』て」

夫婦で食べるだけでも精一杯なのに、赤の他人の食いぶちまで面倒見ようとは。「どないかなる。みんなで食べていけたらええと思た」とオッチャンは述懐する。私も私もと、女の子が女の子を呼び、最大七人の住み込みさんがいたときもあるそうだ。

町工場や貯木場が多かった土地柄、朝に昼に夜に、勤務明けの労働者が店にやって来て、「酒、出してぇや」となる。食糧統制の時代だが、至近距離にある木津川の船着き場には四国から闇酒が着く。それを仲介するお客が現れ、いつの間にか酒を出す料亭になった。

木津川といえば、一九一五年（大正四）に架けられた大正橋がすぐ近くだ。当初、京大の増田工学博士が設計したモダンなアーチ橋で、地域住民の誇りだった。ところが、まもなく増田博士はなじみの芸者と伊予道後で心中事件を起こし、「大正橋心中」と言われた。一九三二年（昭和七）に港区から分区した大正区の区名は、その大正橋にちなんでつけられたもので、役所側が「新港区」にしようと言ったが、住民側が

「大正橋区」にと陳情。語呂のいい大正区に落ち着いた——。今となっては遠い昔の地元のエピソードが酒席の話題になったことも、そういえばあったそうだ。

そんな話に耳を傾けながら、勉強家でかつ器用なオッチャンは本を読み、先発の店に教えを請い、まもなく一通りの和食をこなせるようになった。だし巻きは、そのころお客に注文されて作りはじめたものだ。

しゃかしゃかしゃかと溶いた卵に、天つゆと砂糖をドバッと入れて強火で焼く。卵の表面にぷくぷくと泡が立ってきたら箸でひょいとひっくり返す。そんな焼き方も使っている道具も、「儲けんでええ。食べていけたらええ」という気持ちも、そのころと変わりおまへんわ、とオッチャンははにかみながら笑う。

ただ一つ変わったのは、一九七八年（昭和五三）に、料亭から大衆酒場に転換したことだ。「人を雇ってるなら、遊興税も払え」と税務署に言われ、「雇てるいうても家族みたいなもんやし、そんなに税金払ったら食べていかれへん」と訴えたが、七十万円を追徴され分割で支払うはめになったとか。以後、息子さんの発案で路線変更し、家族経営となった。

「八十二、三になった店の女の子（以前の従業員）らと連れ立って、二、三か月に一回、新世界の朝日劇場に行くくらいで、どっこも行きたいて思たことありませんねん。ストレスないさかいに、二十年間一回も風邪ひいたことおまへんねん」

手つきあざやか、ウワサのだし巻き

とオッチャンが言えば、オバチャンがこう口をはさんだ。

「これだけはやって結構なこっちゃ思てますねん。オバチャンかて引き揚げのときは大きいお腹かかえて馬に乗って川渡って、道なき道を二か月歩いて。言うに言えん苦労してきたけど、運良く生きて来られたんやもん。ええねんええねん」

ええねんええねん、に重なって、客席から「オバチャン、ビールちょうだい」、「大将、だし巻き一丁」の声が飛ぶ。オッチャンもオバチャンも、「はいよ」と二十歳は若い声で応じ、身軽にひょいと体を動かし、仕事に戻る。

後日、店のストーリーを聞いてから食べただし巻き、くわ焼きが初回以上においしかったのは、オッチャンの八十年が詰まった味だと思えたからだろう。来る日も来る日も、そんなこと百も承知で来ていると言いたげな常連たちでにぎわっている。

（2001年8月取材）

◎鶴橋商店街　よあけ

「何でもできます」「何時でもOK」の心意気

大阪市東成区東小橋3-17-23　TEL06-6972-0688
8：30AM〜10：00PM　年中無休（盆・正月のみ休み）

いつも人の声がしている。

暮らしの匂いがある。

鶴橋商店街で五十年余りの歴史を刻む。

とびきり新鮮な鰯汁

「うぉっ、いい味だしてる！」

と、思わずうなってしまったのは、〝鰯汁〟を食べたときだった。真っ二つにぶつ切りされた生の鰯《いわし》が、しろ菜、スライスにんにくと一緒に入っているスープである。一見したとき、鰯の素朴な風体を生臭そうと思ったことを、一口食べるや否や深く反省し、引き締まった身を骨ごとパクリと食べる。「鰯って、こんなにおいしいものだったの？」と百八十度違った感想を抱いている自分に苦笑いしつつ、口内にピリッとした辛さがいい具合に染み込んでくるスープを少しずつ飲んだ。

「気に入ってくれはった？　そら、どうも」

と、包丁を持つ手を休めずに返す、寡黙そうな店主と、

「これね、韓国風なんです。韓国人のお客さんに教えられたみたいで、義母の時代から出してるの。二十年前、私がヨメに来たときにもうありました。こればっかり食べ

名物のピリ辛味の鰯汁500円。鰯まるごとなのになぜか生臭くない

るお客さんもいはる」

　と、饒舌な奥さん。鰯としろ菜とにんにく、辛口スープが絶妙のハーモニーを醸している……と思いきや、

「鰯、新鮮なんでないとあかんのやな」

　と、私が聞きたかったことお見通しの奥さんが店主に聞いてくれる。

「そうですねん。ちょっとでも古かったら生臭《なまぐそ》うなりますねん」

　ほー。

「それに、しろ菜でないとあきませんねん。白菜は汁を含みすぎるし、他の青菜でもうまいこといかんのですわ」

　寡黙に見えた店主は、そうでもないらしい。小泉首相みたく白髪混じりウエーブありのやや長髪。でも、失礼ながらよーく拝顔すると、四十いくかいかぬかの面持ちにも見える。

で、ご主人。このスープの辛味は何から？

「プルコッチですわ」

プルコッチって？

「韓国の緑唐辛子」

そうか、あの激辛という……。和風だしも入ってます？

「いや、薄口醬油をちょっとだけ落としてます」

なるほど。で、スープが温まってから鰯を入れるんですかぁ？

「いや、鰯は水の状態のときからね。あかんあかん、これ以上は言われへん、企業秘密や（笑）」

メニューは百種類以上

ここは、鶴橋にある居酒屋「よあけ」。ブティックや洋品雑貨、靴、ユニホーム、チョゴリ、キムチなどを売る店がずらりと並ぶ鶴橋商店街のアーケードの下に吊り下げられた、古びた大きな赤ちょうちんが目印だ。

その赤ちょうちんには、「酒、ビール、おかず、めし」と書いた肉太の文字。お地蔵さんを左手に見て、路地を三歩ほど入ると、色褪せた黄色のキリンビールのちょうちんがおいでおいでをしている。

カウンター十四席。お客の多くは、市場で働く風のおじさんたちだが、一人、どこかで会ったことあるかもと思ったのは、おそらくマスコミ関係。「ママ、この前テレビに映ってたでしょ」と言って入ってきた女性客がいて、それを証明？

ともあれ着席し、模造紙にマジックで手書きされた壁の品書きを見て驚いた。お造り、冷や奴、酢の物などよくある居酒屋メニューに加えて、ラーメン、鍋焼きうどん、カツ丼、天丼、玉吸、かす汁、ビフテキ、トンカツ、オムライスなどなど、麺類、丼物、汁物、洋食と、百種類以上のメニューがカテゴリー別にずらり並んでいる。加えて、品書きの横には、こう書かれているではないか。

《「こんなんできるか?」と聞いて下さい。何でも出来ます。》

世の効率化路線などどこ吹く風。いいねぇ、これぞ店主の心意気と思いながら、まずは見慣れぬメニューをと〝鰯汁〟を注文してみたのが、冒頭に記した「いい味だしてる」までのいきさつである。

ついでに書くと、自家製ポン酢と共に出てきた肉のたたきやじゃこおろしも、茄子のピリ辛炒めも、にんにくスライス入りまぐろフライも、極めてOKなお味。生ビールの泡の加減もいい。コップにドバドバと注がれる酒の銘柄をのぞくと、賀茂鶴。となると、店の正体を知りたくなろうというもの。

母の薫陶を受けて

なんでこんなにメニューが多いんですか？

「理由はありませんねん、別に。もともと食堂やったたし。朝からやってるし」

えーっ、朝から？

「八時半から。午前中に市場の仕事が終わって来るお客さんもいるし、お昼は弁当もしてるし。毎日懲りもせずに来るお客さんがいるから（笑）、いろいろ変化ないと」

生鮮の卸売市場や中卸市場も近い土地柄。いくつもの商店会が輻湊し、店舗数の合計は一千店を下らない。居酒屋は、夕刻に仕事を終えて行くところという固定観念は捨てなければならない。好きなメニューも十人十色。家人に「○○作って」と言うのと同じように、何でもリクエストしてちょうだい。たとえ材料が店になくても、市場にひとっ走りすれば何でもそろうから——ってわけだ。

「営業時間いちおう決めてるけど、店を閉めかけてるときに、お客さんが『もう終わり？』と入って来はったら、反射的に『どうぞどうぞ』と言うてる」

と奥さん。結婚当初、お義母さんが閉店時間おかまいなしにお客を店に入れるのを「なんでやねん」と思っていたが、今では自分も同じことをしている。売上が千円上がるからではなく、せっかく来てくれたお客さんを大切にしたいから。八年前、七十八の年まで店に出てたお義母さんは偉大だったと今になってわかってきたんですと続ける。

原風景はカンテキの火

いい話やなぁ。ということは、このお店、ご主人が二代目さん？

「ええ、親父とお袋が戦後すぐに八尾から出てきてはじめたって聞いてます」

鶴橋は大きい闇市があったんですよね。

「うちも、バラック建てからはじまったんやないかな。僕は年齢的に闇市は知りませんけど」

というご主人こと奥田泰久さんは、一九五四年（昭和二九）生まれだった。五人兄弟の末っ子。生まれも育ちも鶴橋。自分が生まれる二か月前に父親が亡くなり、母親が女手一つで育ててくれたのだという。

闇市から認可市場、商店街へ。奥田さんが物心ついた一九五〇年代後半、鶴橋は今と変わらぬ道割り、店割りになっていたというが、幼い日の原風景は闇市的光景を彷彿とさせる。まだ明けやらぬ早朝、階下から聞こえるお客さんの「おばちゃん、火ぃ起こしとくでぇ」という声を聞き、母親の初子さんが眠い目をこすりこすり店に降りて行く。通路に置いたカンテキで、常連さんが毎朝親切心で火を起こしてくれていたのだ。その火でご飯を炊き、魚を焼き、一日がはじまる。

「鶴橋は足で歩かんと『口』で歩け」と言われた。市場の通路が人でふさがり、「すんませんすんません」と言わないと歩けなかったというそのころ、市場のにいちゃんやおじさん、仕入れに来る商店主らが我がの台所がわりに次々やって来て、食べる、飲む。奈良、橿原など近鉄沿線の町から鶴橋に仕入れに来た後に寄る人も多かったし、伊勢の方から「鮮魚列車」で鮮魚を運んで来る人もやって来る。在日朝鮮・韓国人も少なくなかった。母親は髪の毛をとかす暇も、自分が満足に食事をする暇もなく、昼になり夜になり、瞬く間に日付が変わる。

「働きづめの母親を見てるから、子ども心に商売の邪魔しないようにと思ってました。売上のお金握らされて、『ホウレン草買って来て』とか『魚買って来て』とか、小さいときから手伝ってましたよ。ほんまに自転車操業やった」

市場の大人の誰もが、子どもを構う余裕などないから、幼い子どもも「そのへんで遊んどき」状態だ。店に隣接のお地蔵さんは、一九五三年（昭和二八）に、その地にはえていた柿の木から子どもが落ちて亡くなり、その供養に建てられたものらしい。

「子どもの教育どころではなかったやろね、お義母さん。忙しい店の合間をぬって、共同水道でおしめ洗った。二階の住まいにはそのころトイレがなかったから、バケツにオシッコさせて、そのバケツを捨てに行ったとか、聞きましたよ」

一人娘の冬菜ちゃんには退屈な時間もある

と言う奥さん、さゆりさんに、お前よう知ってるなあ、僕よりもよう知ってる、けど、そんな格好悪いことまでばらすなよ、と言う奥田さんの目が笑っている。

「何言うてんの。事実やもん、何も隠すことないやん」

とさゆりさん。お義母さんが頑張ってくれはったから、今がある――と言葉の端々から伝わってくる。

朝八時半から夜十時まで店を開け、しかもよほどの用事がある日以外は年中無休。疲れません？　と聞こうとしたが、それが愚問だと思えてきて、やめた。

カウンター席には、「いつもの」と注文した常連が、満足顔で冷や酒の杯を傾けていた。

（2001年9月取材）

気負わず、二足の草鞋を履く主人が淡々と……

◎天神橋筋商店街

大《だい》ちゃん

大阪市北区天神橋3-1-9
2008年頃に閉店

年季の入ったあめ色の棚が何をか言わん。
この店の「売り」は、
主と店の穏やかな関係。

「豆腐鍋」が名物だけど

良い酒場の条件に、店主が〝熱い〟人かどうかは無関係なのだと思った。

何が言いたいのかというと。「これがうちの自慢の酒です」「精魂込めた一品です」と熱く語る主の店と、何を聞いても「いや別に」の主の店。比較すると、前者の方がにぎわっているケースが多いだろう。だが、不遜な物言いをするならば、たかが酒場なのである。静かに暮らして去年が今年に、今年が来年に続くように、日々淡々と店を開ける主の酒場だからこその居心地の良さが、「いや別に」の店にあると思ったのである。

天神橋筋三丁目の「大《だい》ちゃん」。〝熱く〟ない二代目店主が一人で淡々と切り盛りする店を訪ねた。

南森町から天神橋筋商店街を三十メートルばかり北に進んだ右手にひっそりとたたずむ、いわゆる「間口一間」の店。暖簾をくぐり、ガラガラと戸を開けた中は、十余

「マスター、一杯いこ」のお客の誘いを決して断らない

席が縦一列に並ぶレトロ空間だった。ひと呼吸置いてから、

「いらっしゃい」

の声が届く。カウンター台の上には、小さな古びたガスコンロが席数と同じ数だけずらりと並び、つくりつけのこれまた古びた戸棚にアルミ鍋や一升瓶がきちんとおさまっている。壁には人なつこい文字で書かれたメニューの数々。

「生ビールください」

「瓶ビールしか置いてないんですけど」

失礼しました。では瓶ビールを。

サッポロビールで喉を潤し、改めて店内を見渡すと、カウンター手前の台の上に黒電話がちょこんとのっているのを発見。プッシュホンが登場する前のダイヤル式。それも、全体に丸くてどっしり感のあるタイプ。今やほとんど見なくなった形のものだ。

「これ？　たぶん、親父がこの店をはじめた四十年くらい前のものですわ」

うわっ、すごい電話と言った私に、マスターは、またその質問かといった冷めた面持ちで答えた。

「壊れたら部品がないからもうおしまいやけど、なんとか現役」

うおっ、このコンロもなかなかのものと言ったときは、

「これも結構長持ちしてますけど」

三十分経過。じゃこおろし、納豆、スルメ……。名物と聞いてきた豆腐鍋を食して、おいしいですわと言えば、

「そらどうも。普通の豆腐ですけど」

衣被《きぬかつぎ》、ダダチャ豆、ムカゴのから揚げといった品書きを見て、珍しいですよねと言うと、

「料理するのが簡単やから」

こうなるともう、完全に「しょうもないこと聞いてすみません」なのであります。

ところで、「大ちゃん」を情報誌の店紹介風に紹介するとこうだろうか。

《会社帰りのサラリーマンに親しまれ続けて40年以上の居酒屋。レトロな店内で味わう名物、豆腐鍋（350円）のほか、豚鍋（700円）、あげ鍋（350円）などが人気。それぞれの鍋は、菊菜や椎茸、ネギ、春雨、厚揚げ、しゃぶ餅など30種類をトッピングでき、ビールや熱燗、焼酎の杯を傾けながら楽しめる。予算は2500円》

「名物、豆腐鍋」に、もう少し説明を加えるならば。

《鍋は直径18センチ、深さ5センチのアルミ製。1～2人用で、注文するとすぐにカウンター上のコンロにのせられる。豆腐がゆらゆらしてくると食べごろだ》

次に、常連客の口を借りることにしよう。

「鍋はおいしいし、料理もうまいし、酒もいけるし。毎日ちょこっと飲んで帰るのに

先代が考案した豆腐鍋350円

いい」

「十年一日のごとく、みたいな店。先代のお父さんは亡くならはったけど、今どき、十年前とほとんど変わらへんのがいいでしょ」

ふむふむ。そういう店である。

「別に古いものを残そうとか、とびきりおいしいものを出そうとか、考えているわけやないんです。就職するより楽そうと思って親父の店を継いだだけで、私には上昇志向が全然ありませんから」

と、マスターの古野光一さん（五十三歳）は言った。

豆腐鍋は、豆腐好きだった古野さんの父親の発案らしい。お客の目の前のコンロにサッとアルミの鍋を出せば、ものの三分もあれば湯豆腐で一杯が可能。〝個鍋〟の形式は、仲間と来ても鍋奉行に気をつかわなくてすむ、先につきだしを注文しなくてもすむ、と合理精神からだったそうだ。ちなみに豆腐は四十余年来、「ごくごく町の普通の豆腐屋さん」という、同じ商店街の安福食品の木綿豆腐一辺倒。

バブルが弾けても関係なし

古野さんは祖父、祖母とも弁護士だった関係で裁判所近くで育ち、西天満小学校、菅南中学と進んだ生粋のキタの町っ子。この店を父親の大蔵さんがはじめたのが小学四年のときだったという。

「大蔵やから、大ちゃん。そのまんまですね（笑）」

家の建て替えに伴い、店の階上に住んだこともあるらしいが、店を手伝うこともなかったお坊ちゃん育ち（たぶん）。大学を卒業した一九七一年（昭和四六）は、世の中、右肩上がりの真っ最中。「就職するより楽そう」との言葉にもうなずける。バブルが膨らんでも弾けても関係ない。売上は一日五万円くらいかなと話す口調に気負いがない。

調理師免許？　持っていないと言いつつ、フライパンを踊らせてオムレツ風卵焼きを作る手つきは鮮やかだし、別段こだわりはないと言うが、ゲソの塩焼きを頼むと上質の粗塩を使っているに違いないと睨める味。一度蒸して小さくなった蕪を鍋に入れると、だしを含んで大きくなって、これがおいしいんですよと言うのを聞いて、やっぱり、この人この仕事が好きなんや——と確信する。ところが、ウイスキーがブラックニッカのポケットボトルだけというのは相当な絞り込みの上だと思ったら、「出すのが楽やから」

日本酒は伏見・三盛酒造の「祝瓢《しゅくひょう》」と黄桜酒造の「黄桜・山廃仕込み」の二種類。どちらも、やや甘口だけど香りがよく、飲み口さわやか系だ。これらを選んだのは、「自分がいくら飲んでも二日酔いしない酒やから(笑)」

とのことで、これは大きな理由と思えて、取材の身としてはやれやれ。

そういえば、古野さんはよく飲んでいらっしゃる。常連客が「マスター、一杯」と差し出すビール、日本酒を次々とがぶがぶ。これだけ飲んで二日酔いしないはないのでは。

「いや、店以外にすることたくさん抱えているので、酔うわけにいかんのです」

コーラスの裏方を手弁当で

実は、古野さんにはもう一つの顔があった。「中学時代にダークダックスのまね事をして以来」のシンガー。大経大時代に指揮者として率いた男声合唱団は関西学生合唱コンクール二位に。二十代の一時期は、請われて職場コーラスの指導者も務めたという筋金入りで、今もコーラスグループに所属。

自分が歌うばかりか、そのグループの事務方を一手に引き受けている。クリスチャンで、東梅田教会の運営に携わる一人でもあり、さらには、このところ旧知のテノール歌手、畑儀文さんに「手伝って」と持ちかけられた「やしの実コーラス」という企画の裏方を担当しているのだ。

「やしの実コーラスは、小人数のために本格的な合唱ができない離島の学校の子どもたちに、大勢で歌う喜びを知ってもらおうという企画。今年三月から、畑が山形県、岡山県、鹿児島県など八つの島を訪問して合唱指導し、その集大成として十一月に子どもたちを西宮に招いて合同コンサートを開くんです」

このときばかりは、口調が熱くなるではないか。離島の学校の先生たちと連絡を取り合い、資金集めのために数回のチャリティコンサートを開催、合同コンサートの段取りから一行の宿泊準備まで一切合切を段取る事務局だから、とりわけ最近は多忙を極める毎日なのだ。

すべて手弁当。何があなたを

40年以上働いているガスコンロ

そうさせる？　と聞けば、

「いや別に。能力のある男のやることを後ろ押ししたいと思うから、ほなら手伝いましょかと」

淡々とした口調に戻る。コーラスと教会関係の用事でときどき水曜日に店を休むから、休んだ週はお客さんが少なくなるねぇ。そんな話に耳を傾けるでなしに聞いていた常連客の一人が、ぽつりと言った。

「そういえば、親父さんは天神祭りの前になったらそわそわしてはったなぁ」

先代は商店街の御羽車講、飲食組合の御旗講の役員をしていて二か月も前から祭りの準備に大忙し、もちろん当日は祭りに出て行ったきり帰って来なかった、と。「悪いけど、僕は天神祭りにあんまり興味ない」という古野さんだけど、手弁当の〃店以外のもう一つ〃を持っているのは親父さん譲りかもと常連客はにやにや。

「うちの親父、年いってからはカウンターでよう寝てた。七十七で死ぬ三週間前まで、店に出とったなぁ」

と古野さん。気負わず、ほどほどに。だけども、やっぱり店が好き。そんな雰囲気がいい。

（２００１年11月取材）

静かに積み重なる店時間

◎阿倍野筋　明治屋

大阪市阿倍野区阿倍野筋2-5-4　TEL06-6641-5280　1：00PM〜10：00PM　日曜・祝日定休
その後、阿倍野筋1-137　あべのウォーク沿いに移転

時代は変わっても
美味しい酒と肴は変わらない。
世代を超え、酒好きに愛され続けてきた店。

路面電車の音がBGM

村上龍の小説『最後の家族』を読んでいたら、こんなくだりが出てきた。

「人と人の間隔が狭く、騒々しくて、みんなが同じように笑い、大声でしゃべっていた。居酒屋でお酒を飲むとみんなが同じ種類の人間になるのだと思った」

何となく進学することに疑問を持ちはじめた、引きこもりの兄を持つ女子高校生が、初めて居酒屋に行ったときに感じた違和感を語る言葉。その居酒屋とは、若者向きのピカピカの店を指しているのだろう。彼女は、楽しく軽くはしゃいで仲間と連帯感を持つことに「何か違う」と、十七歳にして気づいている。

彼女を連れて来てあげたいなあと思った。この店に。そして、この店で私はねえさん面してこう言うのだ。

「ちゃらちゃら騒いでみんなに合わせる必要などないのよ」と。

BGMは、五分か十分毎に阪堺線の路面電車がガタゴトガタゴト、ガタゴトガタゴ

「このごろのお客さんは行儀よくなりましたね」

トと走る音だけで、それ以外はまったくの静寂。いや、静謐と記した方が当を得ているような、そんな空気が流れている。使い込まれて角が丸くなった木のカウンターに、三メートル近くありそうな高い天井。秒針がないので、一見動いているのか止まっているのかわからない大きなまあるい時計が柱にかかっている。

早い夕刻、ちびちびと酒を飲む年配の男たちの容貌は、学者風、職人風、サラリーマン風、芸術家風、ご隠居さん風などさまざま。ほとんどが一人。声高に話す者など一人もいない。ほっとした表情で最初の一口を猪口に注ぎ、いとおしいものを見るように目を細めながらおもむろに飲み進める。湯豆腐や千枚漬け、たらの白子など丁寧に丁寧に作られたと見てとれる一品を肴に。

人生の機微が見え隠れ

この店、何とも良い雰囲気ですねと、左隣席のおそらく団塊の世代氏に密かに声をかけたが、反応がない。ごめんなさい、気安く声をかけてしまってと思いつつ、それを再び言葉にするのをためらっていると、ややして返事が返ってきた。

「人生の機微、なんですよねぇ」

人生の機微、と復唱した私に、その人は一つひとつの単語を選びながら、ゆっくりと言葉をつないだ。

「男の隠れ家的な居心地の良さがあるんですかね、お酒を純粋に楽しむことを目的に来る」

来るたびに顔を合わせる者同士がどこの誰とも名乗らず、ただただ空間を共にする。みんながそれぞれの人生の機微を持っている。なんか、いいんですよね、私は新在衛門ですがと言うその人は、雑誌に載っていた店の紹介記事を読んで通うようになって三年。会社から三十分、家から小一時間かかるこの店に、わざわざ来るのだという。

再開発で右も左も後ろも更地となった

実は取材で来ていると私が言うと、

「もっと言えば、カミさん以外の大切な女性と来たい店ですかね」

と、小声でそう言ってにこりとし、

「お酒、おかわり」

と、カウンターの中の主に注文した。

この「お酒」がふるっている。オリジナルの「松竹海老」。軽口、芳醇。口に含むとかすかに木の香りと共に、ふくいくとした甘い香りが広がる。そのくせ、直後に刺し身を食べても、きずしを食べても、甘さが決して尾をひかない。さりげなく白文字の屋号が書かれたガラスの一合銚子に入って出てくるこのお酒は、杉樽に寝かされ、ガス火で温められた湯の中に螺旋《らせん》管の通った銅製の「即席温酒器」で燗をつけたもの。朝顔型の白い陶器の猪口でいただくのだが、これがうまい。

「口あたりがいいでしょう、このお酒」

と返してくれたのは、その一時間後、やはりおそるおそる声をかけた右隣の、布帽子をかぶり手酌していた六十年配の男性。よく来はるんですかの問いに、週に二、三回とぼそぼそと答えた。

これこれしかじか取材でと自己紹介する私に、居酒屋といえば、昔、十三におからのおいしい店があったんですよ、とその人。もしかして『万長』いう店ですかと返すと、

「その通り。しかし、万長を知ってるなんて、あなたも呑ん兵衛ですな」

と笑われた。万長は、十三の小便横丁にあった、とびきりうまいアテで飲める狭い店だった。あの店で見た顔、この店でも見ますよ。大阪広しと言えども、コレと言う居酒屋はそんなにありませんもんねと言い、それにしても、と腕を組んだ。

「四十年ほどこの店に通ってるけど、隣の席の人としゃべったの、オウチが初めてで

すわ」

ことほどさように〝男の一人酒〟が似合う店のようだ。

ところが、その三十分後、ジーンズにセーター、今風にマフラーをぐるぐる巻きにした若い女の子が一人で入ってきた。

「ビールと湯豆腐ください」

ガバッとビールを一呑みした彼女は、カバンから文庫本を取り出し、読みはじめた。

おっと、こういう姿もこの店に似合う、と私は思った。

初代も先代もヘンコ

阿倍野筋に「明治屋」が開店したのは、一九三八年（昭和一三）。近鉄阿倍野百貨店の前身、鉄筋コンクリート七階建ての大鉄百貨店が華々しくオープンした翌年、界隈にビアホールや映画館も出来て、天王寺・阿倍野が南大阪の一大ターミナルとし

酒器には美しい書体で店名が

てにぎわいはじめたころだった。初代店主は、キタで酒類販売店を営んでいた、現主人松本光司さん（五十八歳）の祖父常吉さん。現店舗の百メートルほど北側の戸建て店に暖簾があがった。

「借地の関係で、昭和四十年代に今の場所に移転しましたが、ラワン材のカウンターや丸い木の椅子、レジ代わりの木箱などの小物は、開店当初から使っているものなんです」

と、松本さんはもの静かに話す。一帯は戦災に遭わなかったため、今の店舗も昭和初期の建物だそうだ。

店内で三輪車に乗り、カウンターで宿題をしたという一九四三年（昭和一八）生まれの松本さんは、店が繁盛しているのを見ながら育った。すぐ南側に市場を控え、喫茶店、呉服屋、古本屋、文具屋などが軒を連ねた阿倍野筋商店街を往来する人のにぎわいは、戦後まもなく物心ついたころから相当なものだったという。酒類統制が敷かれていた一九五〇年ごろまで夏はアイスキャンデー、冬は回転焼きを売っていたことをかすかに覚えている。と聞いて、闇酒で商売をしなかったのは、正統派のこの店の強い意志の現れだろうと思うのは短絡だろうか。

「先代は相当ヘンコな人やった」

と、近くの商店主らから聞いた。女同士のお客はお断り、「いい酒」しか飲まさん店と評判やった、と。いい酒、すなわちマナーをわきまえた酒のことで、がぶ飲みお断りだったそうだ。

店と客に適度な距離感

「というか、土地柄いろんなお客さんが来られます。朝十時の開店だったから、警察や消防署の人が夜勤明けで来られると、あの人たちは仕事柄声が大きい。で、祖父や父は『ちょっと静かにしてもらえませんか』とご注意申し上げてましたね」

カウンターの中から見ていると、常連客の酒量はおのずとわかる。そろそろ限度と思うと、「もう一杯」と言われても、「今日はもうこれくらいに」とやんわり。フロアに出て行き、「凝ってます？」と客の肩をもむ。これも「もうお帰り」の合図だったそうだ。

客が店を選ぶが、店もまた客を選ぶ。そうして、両者に納得の空間ができあがる。昨日今日にできた店では、こうはゆくまい。

なぜか大学は工学部を卒業した後、家業を継いで四十数年になる松本さんは、先代ほどではないにせよ、曰く「演説を始める」お客には「お帰りください」。初見の隣席客同士のもらい酒も禁止と店の〝伝統〟を継ぎつつ、辛口の剣菱を置き、石川の菊姫、高知の土佐鶴、熊本の美少年など地酒も揃え、一品に揚げ物を追加するといった新展開も加えてきた。

「酒は男の世界やと思てましたけど、十五年くらい前から女性同士のお客さんも増えてきました。若い人は、お酒を出しても料理を運んでも、『すみません』とか『ありがとうございます』と言わはりますし、意外なほど行儀いい。これも時代の流れやと思います」

時代の流れといえば、阿倍野再開発がはじまりかれこれ三十年。明治屋が位置する場所にも、阿倍野筋拡幅、高層ビル建設の波が押し寄せてきている。両隣も後方もすでに更地。古い構えのこの店だけがぽつんと浮いたように存在している。遅かれ早かれこの地での営業に幕を降ろすことになるのは否めない。

あ〜あ、せっかくの店が。と、幾人の人たちが思っていることだろう。口に出さない美学を携えながら。

（2001年12月取材）

新地、花街、昔がたり

◎キタ・北新地本通り

松《まつ》久《ひさ》

大阪市北区曾根崎新地1-1-43
5：00PM〜1：00AM　土曜・日曜・祝日・8月定休（2003年晩秋に閉店）

しなやか手つきのお酌に、薄味おでん。
新地本通りにひっそりたたずむ店。
八十八歳の色香に気分もほろ酔い。

レトロ空間のホカホカおでん

玄関のガラス戸越しに、きらきらしたネオンが見える。行き交う人のシルエットも浮かび上がる。外の喧噪もわずかながら聞こえる。けれども外は外、中は中。ときにざあざあ音も鳴るトランジスタラジオから聞こえてくる江利チエミや中島みゆき、パティ・ペイジを聞いていると、ここが北新地の目ぬき通りだということも、今が二十一世紀だということも忘れそうになる。私などヒヨッ子だった昭和三十年代、四十年代の酒場はこんなだったかもと思う。

カウンターの中、おでんから立ち上る湯気の向こうにいるのは、無礼な言い方をお許しいただけるなら、上品な白髪のおばあちゃん。若いころとびきりの美人だったに違いないそのおばあちゃんが、きりっと冷えたビールをついでくれる。手つきがなんともしなやかで、グラスの上三分がきめ細かい泡。ビールはこれでなくっちゃ、ね。

他にお客がいず、貸し切り状態だったその日、他愛もない雑談から。

カメラに向かって「何かポーズとらんでもよろしいのか？」

「寒なってきましたね」と私。

「そうですね、今週末から寒波が来るって言うてましたしね。寒いのもかなわんですけど、景気もね」

「まったくまったく」

「失業率が過去最高とかいうてますでしょ。ほんまに小泉さんの改革、『痛み』をともない過ぎですやんね」

レトロな空間、レトロなお人から現在の話が出てきた。先の保険制度の変更についても「弱い者いじめの構造になっているのはおかしい」と。やんわりした口調で「大岡越前でも自分の痛み三両一分やったのに、小泉さんは国会議員の給料をびた一文減らさないのはないですよね」とも。あらあら、私、えらいしゃべってしまいました、と手を口にする仕種が、こう言っちゃ何だがとてもかわいい。

「いえいえ。ところで、そろそろおでんいただいていいですか」

と、こちらの口調まで丁寧にさせる雰囲気をこの人は持っている。

「どうぞどうぞ」

玉子とこんにゃくと、それから……。聖護院大根やら海老芋もいかがですか、Jリーグのジュビロ磐田の本拠地、磐田の産ですよ。じゃあそれください。

ホカホカの湯気も、薄味のおだしもごちそうだ。ほっこりほっこりいただきつつ、

おでんの味も女将に似て上品だった

お湯割りください。芋、そば、ごま、どれにしますか。じゃあ、ごま。紅乙女ですけど、何か入れはりますか。では梅干しを。

はい、承知しました。

　で、お湯割りをいただきながら、改めて店内をウオッチング。あれれ、壁面の品書きが漢字ばっかりだ。

　章魚、巾着、半平、榎茸、蒟蒻、海老芋あたりまではなんとか読めるが、「雁擬」「葱鮪」「呉絽」「玉蜀黍」などお手上げ。

「わからしませんか。それは、がんもどき、ねぎま、ころ、とうもろこしです。私、尋常小学校のとき、算術は三点でしたけど、綴り方は満点でしたの（笑）」

　久々に聞いた尋常小学校、綴り方という単語に反応してしまう私。あの〜、年を聞いていいですか。

「大正三年やから（数え）八十八です」

ひえ〜、十五は若く見えはる。新地に半世紀以上いる、以前は花街にいたと聞いて興味津々。新地のおでん屋「松久《まつひさ》」の女将さん、宮内菊枝さんの話、ゆっくり聞きたいな。

私が花街にいたころは……

《私、ミナミの八幡町の生まれで、心斎橋筋を庭に育ちました。うちは畳屋でしたけど、大丸の前に大金持ちの袴屋さんがありましたし、子ども服のヨネツとか小物のオリタとかいい店がいっぱいありましたねぇ。普通の町家が並んでたところに、二十四間の大道路ができると聞いたときは驚きましたよ。お御堂《みどう》さんがあるから御堂筋なんやてね。關《せき》（市長）さん、飛行場を造らはるんやて、大人たちが言ってました。

松屋町《まっちゃまち》にあった家政女学校を中退して、十五で花街に入ったんです。宗右衛門町。富田屋やら大和屋やら一流のお茶屋さんが並んでいて、そらもうにぎやかでしたよ。お師匠はんとこに通って、踊りや常磐津、清元、三味線とか習って、一年くらいで試験受けて通ってお座敷に出られるようになりました。と言っても、お座敷に出るようになってからも、朝から夕方まではお稽古お稽古ですさかい、今のホステスさんとは全然違いますわな。カラオケは咽で歌《うと》たらええけど、常磐津は体で声を出さんならんし……。

お客さんはみんな紳士でしたよ。松下幸之助さんやら小林一三さんやら江崎利一さん、嘉納治五郎さんのお座敷に出たことも何回もあります。私、「松久」ていう名前やから「まっちゃん」「まっちゃん」言うてくれはって、お偉い方ほど気さくでね。一三さんなんか、お茶屋に行く前にハイヤーでわざわざ見番《けんばん》へ「がんばりなさいよ」と声をかけに寄ってくれはったこともありましたわぁ》

戦中の五年間は、女子挺身隊として千日前の歌舞伎座の階上へ、軍のパラシュートを縫いに通った。神風が吹いて日本が勝つと言われていたそのころ、「蒙古襲来のときに吹いた風は偶然の強風。鉄砲に竹やりで戦っていて、勝つわけがない」「新聞なんか嘘ばっかり書いてある」と思っていたのは、お座敷で知識人たちの本音を聞きかじっていたからか。もちろん、守秘義務を守って。今だから言うが、住吉公園で玉音放送を聞き、号泣する周りの人たちを「アホちゃうか」と思ったとも。

来し方を教えてほしいと言った私に、女将さんははりきって話してくれる。半世紀以上も前のことを脚色なしに、そしてついこの間のことのように。

キタへ来たのは戦後。あのころの新地は、お茶屋や料亭、小料理屋もあったがバーはわずか十軒ほど。本通りにはごく普通の会社が並んでいた。占領軍に大川の川沿いの土地が接収されていたとかで、

「占領軍の留置所があって、前を通るのがなんや怖かったですよ。アメリカさんが国へ帰らはったら、その跡地にジェットコースターが出来てね。生まれて初めて乗ったら、生きた心地がしぃしませんでしたわぁ」

と、話は続く続く。

「仕事が趣味」いつまでも

「私はね、(昭和)二十五年に新大ビルの近くで十坪の店をはじめて、しばらくしてからこの前ここへ移って来たんです」

ちなみに、「しばらく」とは約二十年間のこと、「この前」は万博の少し前、つまり三十余年前のことを指すと、あとでわかった。おでんの店にしたのは、花街で上に下にさんざん気をつかってきた反動か、板場さんを雇わず一人で気ままにできるかららしい。

「オープン前にいろんな人からお祝いをもろてますから、オープンの日はみなさんをご招待して翌日から商売するのが習わしでした」

「おかげさんで無事に開店できたと思たら、朝鮮動乱でしょ。もう一回戦争になるんやったら、死ぬしかないと思いましたよ、本当に。ところがどうです。朝鮮動乱から後、日本はどんどん良うなってきました。おかげさんで店も……」

お客さんは、ほとんどが「会社関係」の人。毎月末に締めて、五十日《ごとび》に集金に行く。多くは、はいはいと担当部署に回され現金回収となるが、「お礼を込めて」ときに女事務員さんの伝票書きや算盤入れを手伝ってあげることも少なくなかった。ゆるやかに時間が流れる時代だった。

新地に鉄筋のビルが建ちはじめたのは、昭和三十年代から。あれよあれよという間に、雨後のタケノコのごとくクラブやラウンジが増えた。「そういや新御堂筋ができるときは、立ち退きになる人が中心になって反対運動が起き、私も署名しましたわ」と言い、「万博の前後は五時に店を開けるなりいっぱいになり、朝の四時、五時まで待ったなしの満席続きでした」と述懐する。店が御堂筋から入ってすぐのところに位置するため、「うちは山門。お客さんに『今から奥の院へお参りですか』と言うてました」というそのころ、「私もまだ五十代で若かったか

松久は北新地の入り口にあった（2001年）

ら、睡眠三時間で十分でした」

オイルショックでお客さんが少し減ったが、すぐまたとり直し、「十年くらい前までは、まさか今みたいな本格不況が来るとは思いもしませんでしたね」としみじみ。

「今は最悪。出勤前に食べに来ていた新地のおねえさんたちは、コンビニでパンを買って食べるというし、同伴出勤どころでなくなってるし。飲んだ後はラーメンらしいし。けど、私は〝趣味〟が店。昔のおなじみさんが、忘れたころに『どないしてるねん』言うて寄ってくれはるさかいに、（自分が）ころっと死ぬまで続けたいと思ってるんですわ」

たまたまだと思いたいが、私が取材に通った四日間とも、店がお客の熱気に包まれることはなかった。少しの飲食なら千五百円、相当な量を飲んで食べても四千円ほど。大阪の古き良き時代の話を聞きたい向き、懐かしい味のおでんを食べたい向きに、この店をおすすめしたい。と、私は強く思うのだが。

話しながらの女将さんの首のかしげ方、指先の〝表情〟。それに、「男はんはふんわりしたような、しゃきっとしたようなお方が一番よろしい」などとおっしゃる色気。さすがさすがでありました。

（２００１年12月取材＝２００３年閉店）

夜な夜な大盤振る舞い

◎桜橋

大輝《だいき》

大阪市北区曾根崎新地2-4-20（2003年、北区堂島1-5-39 小蝶ビル3F へ移転）
TEL06-6341-5450　5：00PM〜2：00AM　日曜定休

和服と白塗り厚化粧のいでたちで、長時間営業も何のその。今日も元気な「おかあさん」。

三時間睡眠を続けて

こっそり告白すると、私は四十代半ばである。小学校の同級生グループでメーリングを楽しんでいるが、今年のはじめに一人が「疲れやすくなった」と書いてよこしたのを皮切りに、「駅の階段の昇り降りがきつい」「体がだるい日が続いている」「老眼がはじまり、白髪が増えた」など老化現象を競い合って書き込むのが、このメーリンググループのこのところのブームになっている。そういう年ごろなのだ。私も物忘れはひどいわ、酒はめっぽう弱くなったわ、夜更かしもきつくなってきている。

だから、先月紹介した北新地本通り「松久」の女将さん・八十八歳が言った「若かったころは、毎日朝まで店を開けて三時間睡眠やった」の「若かったころ」が五十代を指すと知ったときは面喰らった。というか、「ほんまかいな」と思った。まあまあ、昔の話には多少のデフォルメもありかもと思った。

ところが、今月この店を取材して、「松久」の女将さん、先月は疑ったりしてごめ

白塗り厚化粧し、着物を着て、気分をひきしめて店に立つ

んなさい、なのである。酒場界には、私などの体験値など吹っ飛ぶ働き方をしている人が本当にいるのだ、と。

桜橋近くの「大輝《だいき》」。五十八歳の「おかあさん」が、まったくの一人で切り盛りする居酒屋で、夕方六時から翌朝五時までの長時間営業。片付けて店を出るのが早くて朝六時。それから高槻の自宅に帰って寝るのだが、毎日の睡眠時間は三時間未満。午前中に自宅を出て、豊中・庄内の市場へ仕入れに向かう。午後には店に入り、お惣菜作りにてんやわんや、開店時刻まで待ったなしの大忙し。さらに、営業時間中はお客が引きもきらないのだから、聞くだけで「肩もみましょか」と言いたくなるような毎日を過ごしておられるのである。ましてや、店では髪を結い、つき襟の着物姿、顔は白塗り厚化粧。ご本人は、

「そういう性分なのよ」

とさらりと言うが、休みは日曜日だけ、先の年末も三十一日まで店を開け、正月二日から平常営業したというのだから、ただ者じゃない。

さもしいのはイヤ

「二十年ほど前に、広告代理店の人に連れてきてもらったのが最初だったんだけど、感動したのよ」

と、マーケティング・プランナーの女性（五十三歳）。

「四か月前ですわ。何げに入ってみて、うわあとうれしくなった」

とは、製薬関係の会社員氏（三十八歳）。

そう。この店には、昔なつかしいおふくろの「味」と「あたたかさ」がぎっしりと詰まっているのだ。

肉じゃが、ぶり大根、ひじき、鯛の子煮、あら炊き、きんぴらごぼう、おでん、野菜の煮物、ポテトサラダ、どて焼き、わかさぎ天ぷら、揚げなす、鰻のかば焼き、さつま揚げなどなど、五十種類はくだらない。「く」の字のカウンターの上の、直径三十センチはあろう大皿にごっそり盛られているのである。

「さあ、どんどんいってね」

の言葉に、じゃあ、まずビール。それから、ひじきと鯛の子、ポテトサラダください。

「一人だから、少しずつ盛っとくね」

と、出てきたお惣菜は素朴な甘辛味。が、「どこが少しずつやねん」と突っ込みたくなるような大盛りだ。こちらの「唖然」顔を見たおかあさんは、

「これで、普通の半分くらいの盛りよ。さもしいのはイヤやから」

と涼しい顔。ははあ、どうも。隣席のお客の手元には、私の前のお皿よりひと回り

大きなお皿が並んでいる。

「おにぎり二つちょうだい」

と、そろそろ飲み食いも終盤戦らしき四人組から声がかかった。

「あいよ。今、アツアツをにぎるね」

で、出てきたおにぎりの大きさたるや、赤ん坊の顔一つはありそう。

「こ、こんなに食べられへん。おかあさん一つでええわ。四つに切ってよ」

「あらそう。でも、もひとつ作ってしまったから、お土産に持って帰りね。だれか一人暮らし、いるんでしょ」

「いやっ、うれし。すいません」

ところが、この四人組が帰るときに、おかあさんが手渡したお土産は、このおにぎりだけでなかった。お惣菜が山と入っているのを私は目撃した。

お土産はみな、無料サービスなのだという。そもそも、この店の料金は一人三千五百円。かなり少なめは三千円、多めは四千円とよほどのときは上下するが、十人中九人までが一律料金。細かい勘定はどうでもよろしいと大盤振る舞いなのだ。

「二十三年前に店をはじめたときから、このやり方です。儲からないのではって？ええの、ええの。お客さんが『おかあさん、また来るね～』言うて、ほんとにまた来てくれるから」

「おふくろの味」がずらり

というわけで、日付けが変わるまではサラリーマン、深夜は新地近辺のお店経営者やママ、明け方は配送の仕事を終えた新聞社の人たちなどが順繰りにやって来て、二十数席が三回転や四回転、ざらなのである。

「大阪の輝子」の決意

むむ。このおかあさんの太っ腹は、勝算あってのことに違いない——と、思ってしまうのが、私の悪い癖？　ところが、さにあらず。

おかあさんこと角島輝子さんは、金沢の生まれ。芸者をしていたおばあさんに育てられ、八歳そこそこから加賀友禅の反物見本を大阪・丼池《どぶいけ》の呉服問屋に持って来る「運び屋」をした。夜汽車で金沢を発ち、米原で乗り換えて大阪へ。米原駅での「身震いする寒さ」の列車待ち、同様の業者が列をなす呉服問屋の前での長い順番待ちなど、「辛すぎる」時期が長かった。

「こんな話までするのやったら、取材なんか受けるんやなかった」

と言いながら、おかあさんがぽつりぽつりと語ってくれたのは、中学の修学旅行に行けなかったことや、長じてからも万博に行く人で混雑する列車に乗りながら、自分はそれどころでなく一度も万博に行けなかったこと。その後、丼池の社長さんの紹介で飲食店を手伝ったり、郷里でおばあさんの介護をしたり。

「祖母を看取った後、金沢の家を売って大阪に出て来て、店をはじめたのよ。これからは〝大阪の輝子〟になるのやと『大輝』という名前を付けたんです」

一九七九年（昭和五四）。三十五歳のスタートである。「知り合いも何もない」状態で、北新地内に十席ほどの小店を出店。当初は「開けても開けてもお客が来ない日」状態が続いたが、「通勤電車の中で名刺を配る」など、必死の努力の甲斐あってお客さんが増えてきた。その矢先に火災に遭い、十三年前に桜橋へ移転。現在に至っている。

「女一人、お色気ぬきで商売してきはった。頭が下がります」

と、二十年来のおなじみさん。苦労の数だけやさしくなれると言うでしょ、そういう人なんよ、と。

「みなさんに喜んでもらえる仕事ができて食べていけることが何よりうれしい。昔のこと思たら、儲からないことくらい、寝る時間がないことくらい、なんてことない……」

かくかくしかじか、おかあさんのプロ意識はすごい。着物姿、白塗り厚化粧は「さあ」と気持ちを引き締めるため。採算度外視で醬油は尼崎の生醬油しか使わないなど、お惣菜作りにとことんこだわり、お米も毎日自分で精米。蒲焼きの鰻も自分でさばき、さつま揚げすら手作り。食器類は、一点の曇りもないようピカピカに磨き、一ミリでも欠けると即座に廃棄。そして、たっぷりのお惣菜類はおでんの大根以外決して翌日に持ち越さない。片付けが終わった後、ホームレスの人たちに気持ちよく持っていってもらえるよう、わざわざパッケージに入れて所定の場所に捨てるのだという。

「もうこれくらいでいい？　こういう話は嫌いよ。いいからいいから、さあお嬢ちゃん、ちょっこし飲みまっし」

と、金沢弁になったおかあさんが膝をたたいた。おっと、ここでは私など「お嬢ちゃん」だ。

「冷酒やったら奥飛騨慕情、熱燗やったら久保田や一本義、雪中寒梅もおいしいよ～」

いいねいいね、辛口ばっかり。では、久保田を。

グラスになみなみと注がれた久保田をゆっくりゆっくりいただく。

あ～、おいし。おかあさんも一杯、と献じながらの、おなじみさんたちの「ほっと一息」が、ニュービジターの私にも少しだけわかったような気になった。そして、お母さんの立ち居振る舞いを見るうち、ずっと以前、市井で地味に働き続けてきた年輩の女性たちへのインタビューで「あなたにとって働くとは？」と聞いたとき、何人もの人から「はた（傍）をらく（楽）にさせること」という言葉が返ってきたことを思い出した。

（２００２年１月取材＝２００７年、一人４０００円に。現在は、ジュンク堂大阪本店近くで営業）

おっちゃんたちのサンクチュアリ

◎ジャンジャン横丁

やまと屋2号店

大阪市浪速区恵美須東3-3-10　TEL06-6643-6205
9：00AM～10：00PM　日曜・祝日定休

かつて三味線の音が聞こえた「ジャンジャン横丁」に、今は「サービス一丁〜」の威勢良い声。年中無休で、朝も昼も夜も安く飲める。

「真っ昼間の一杯」の土地柄

二月のとある日の午前中。同業の先輩Sさん（五十三歳、男）に紹介してもらい、ついでに同行してもらって、飛田でカラオケ喫茶をしている演歌歌手さんの取材に行った。

飛田とは、承知のとおり、その昔大いなるにぎわいを見せた遊廓で、今も「料亭」と名を変えた店が立ち並ぶ一角である。一九五四年（昭和二九）に九州から十六歳で上阪し、刺繡屋の職人になった。来る日も来る日もミシンを踏んだが、二十七歳のときに阿倍野の赤ちょうちんで、「影を慕いて」を何気なく口ずさんだのが店のママさんの耳にとまり「あんた、〝流し〟になれるわ」と言われたのをきっかけに、演歌の道に入ったというその人の話は、迫力があった。

六畳一間のプロダクションでオーディションを受けて合格。ギター片手に飛田の飲み屋の暖簾をくぐり、「一曲いかが」と流す稼業についたのだが、「初日に一曲歌って一万円飛んできた」とか「男女が布団に入っている部屋に呼ばれて、ムード歌謡を歌った」とか。はたまた「ヤクザに因縁つけられて、一昼夜こてんぱてんにやられたこともあった」。所属の芸能社を飛び出し、自分の事務所を旗揚げ。弟子の面倒を見たり、オリジナルレコードを出したり。キタでもミナミでもない土地柄ならではの泣き笑い話を、Sさんと共に聞き終わったのが午後一時半すぎだった。

「ちょっと早いけど、一杯行こうや」

とSさん。えー？　お昼やけど。ま、いいか。

「こういう話の後は、ジャンジャン町《まち》やで」

と、やって来たのが「やまと屋2号店」だった。

酒二合飲むと一合おまけ

アーケードが改修され明るくなったとはいえ、幅四メートルの道にマージャン屋や一杯飲み屋が軒を連ねるジャンジャン横丁は、昼間でも薄暗い。作業着にジャンパー姿の多くのおっちゃんたちが歩いている中に、一軒、煌々と蛍光灯の明かりが道路まで漏れていた店。こう書かれたどぎつい看板が目を引く。

「お一人で酒二合お飲みのお客様に酒一合無料サービス」

ほんまかいな。タダより高いもの、ないで。と思いながらも、威勢の良い「いらっ

昼間も薄暗いジャンジャン横丁を螢光灯のきつい明かりが照らす

しゃ〜い」のおにいさんの声に招き入れられた。

「Sさん、よく来るの？　この店」

「たま〜にな。東京者《もん》を連れて来たったら、喜びよるねん」

　ほんまほんま、そんな感じ。店頭にドジョウが泳ぐ水槽あり、中ほどにスッポンがにょろにょろしている水槽あり、寿司ネタや小鉢物が並ぶウインドーあり。ゆったりと丸椅子三十席ほどが置かれたコの字の薄茶色ベニヤ板カウンターと、六人掛けテーブル四つがある店内には、これでもか、これでもか、と言わんばかりに、赤枠たんざくの品書きがかかっている。壁面は鏡貼りだから、振り返っても無数の品書き。めちゃくちゃ明るい。

「見てみ。ほら」

と、Sさんが指差した先に、《当店は昨日の材料（シャカネタ）は一切使用しませんので、閉店まぎわのネタ切れはご容赦ください》と張り紙。ほお？　ええ感じやん。

「へい、お飲みもの、何いきましょ」

とりあえず瓶ビール。

「へい、三番さん、ダブルグラスで瓶ビール一丁～」

タラの白子、しめサバと、すっかり居酒屋メニューを注文するSさんと、ちじみ、だし巻き、イカ（握り寿司）、マグロ（同）と空腹メニューを頼む私に、

「へい、タラの白子、しめサバ……、各一丁～」

と、張りのある、今度はおねえさんの声。

ものの二分も経たないうちに、テーブルがにぎやかになった。食べるとそこそこおいしい。チヂミはニラの渋味が効いているし、だし巻きはふんわり、握りはシャリも上質。一口つまんだタラの白子はまったり、しめサバの身も締まっている。やや濃い味なのは、ブルーカラーの人たちが多い場所だもの、当たり前。大衆居酒屋メニューの、ふむふむ、間違いなく及第点以上である。

うんぬんかんぬん。ちょっとこの紙面では書けない、先の演歌歌手さんから聞いた飛田の裏話などをSさんと語りつつ、カウンター側に目をやれば、真っ昼間から一人酒を楽しむ男たちの背中が等間隔に並んでいる。

ああ、この人たち一人ひとりに、演歌歌手さんに勝るとも劣らない歴史があるに違いない、としみじみ。とりわけ、端の席で脚を大きく組んで手酌している短髪おじさんや、首筋までほろ酔い赤色で串かってんこ盛り皿を前に置いた白髪オヤジには、「いろいろあったあなたの人生、聞かせてください」と言いたくなるような哀愁が漂っている。しかも、BGMは演歌とスタッフの威勢の良い声である。そのうち、「井上なあ。お前、ノンフィクションとフィクションの微妙な線引きについてどない考えてる」

と、マジな話題をテンション高く投げはじめたSさんも、つい一か月前までまるまる五年間、ワケあって自宅で〝冬眠〟していた人だからして、そこそこのアテで、そこそこに飲んでいるだけに見えても酒場の人間図鑑は奥深いのである。

酒二合、と注文する。

「へい、ダブル猪口で。サービス一丁～」

と、これまた威勢の良い早口が店にこだまして、二合銚子にさっそく一合銚子がついてきた。つまり、二合の注文＝三合の提供で、五百円。

最初から三合と言わないところがウケ狙いかな、おねえさん。

「おまけが付いてたら、得でしょ、安いでしょ。うちの社長が考えたんです」

どんな人？　ここの社長って。

一人でしんみり飲みたいときもある

「奈良から出て来たから『やまと屋』ですやんかぁ」

何店、持ってはるの？

「寿司専門、おかず専門の店を入れて、新世界で七店舗。黒門にももう一軒ありますねん」

良く言えばさらりと飲め、悪く言えばコクのあまりない辛口で、でも、ついつい進んでしまう飲み口のおまけ酒を飲みながら、ここの社長、豪快な大阪商人に違いないと思う。

この日の酒飲み二人の二時間ほどぐだぐだ、四千三百八十円なり。

合理的頭脳経営

予想に反して、社長の澤井勝さん（五十七歳）は、「私の写真は、勘弁してくださ い」とかたくなでシャイ、そして紳士的な人だった。奈良県御所《ごせ》出身で、今は大和郡山に住んでいる。立花通のインテリア家具会社勤めを経て、脱サラ。一九七九年（昭和五四）に地縁も血縁もない新世界に出店したのは、綿密にマーケティングした結果、「一年三百六十五日商売ができて、一日中人通りの多いところ」だったからという。

事前の修業は、電話帳で見つけた酒屋に紹介してもらった梅田の居酒屋に六十日間行っただけ。自己資金七百万円ぽっきりで、通天閣のお膝元の朝日劇場の近くにいわゆる居抜けの店舗を買って開店した。

「最初のうち、お客が来ませんでしょ。ある日、屋上から店の前を行き交う人を眺めたら、誰もうちの店の存在に気付いていない。そこで、目立たなあかんと思たんです」

店頭に赤ちょうちんをずらりと並べ、派手な看板を出し、煌々と照らして目を引くことに。お客が入り出すと、いかにして顧客につなぐか、数字を上げるかと頭をひねる。「キープまつり」などの販促を打ち、張りのある声で注文を復唱するなどフロアのムード作りを。〃おまけ酒〃の方式は、「大手メーカーへの樽売りと同じ値段で買う」と旧知の御所の造り酒屋に交渉して、十年ほど前から目玉にしている。

食材は産直と木津市場での仕入れだが、保存の効くものは大量仕入れに徹し、「千円で仕入れたものに二〇パーセントをかけて売るのではなく、千二百円

「酒二合で一合サービス」が目玉

で売るなら、そこから二〇パーセントの利益がとれるよう割算で考える」など、「意外と飲食店にできていないこと」を実行。「自転車で材料を行き来させられる範囲」にこだわり、店舗数を増やしてきたという。二十二年間連続して増収増益、昨年上半期だけ減収増益。

「仕入れは毎朝自分で行きますし、数字だけはうるさく言いますけど、従業員を信頼して任せる。だから、この十年ほど、店にはほとんど行っていません」

とのことで、この社長さん、毎日、お昼の十二時にはもう事務所をあとにし、帰宅の途につくそうだ。

フロアのスタッフの方々の威勢の良い声、うれしくなりますね。と言えば、愛社精神を持ってもらうため、全員が正社員雇用。パートは一人も使っていないから、と。

「厨房に注文を出すとき、大きい声で語尾を上げるように言うてるんです。かといって、外食産業のようにマニュアル化はしないので、スタッフの心がこもった声になり、店が活気づく。それが癖になり、習慣になれば、文化になるでしょう?」

なるほどなるほど。あの威勢、あの活気、注文をしてから料理が来るまでのあのスピード。それから安い値段と煌々たる明かりも含めて、まぎれもなく大衆居酒屋の文化なのだ。中高年の、さまざまな人生を背負った男たちを包む文化なのだ。

後日、夕刻に訪れると、カウンター席に、知る人ぞ知る存在の民俗芸能研究家氏が一人で座っていた。すでに飲み干したのであろう銚子を数本倒し、気持ちよさそうに目をつむっておられる。私は旧知のその人に声をかけようかと迷ったが、やめて離れた席に座った。なぜなら、この店では名乗ったり、素性を言ったり聞いたりと、余計なことをしないほうがいい。この時空間は、お客一人ひとりのよみがえりのサンクチュアリなのだから、と思ったからである。

（2002年2月取材）

うまい酒の所以

◎難波 山三《やまさん》

大阪市中央区難波4-2-9　TEL06-6643-6623
6：00PM〜11：30PM　月曜定休

吟醸酒がずらり。
余計なことを言わない店主と
あらゆる層の「酒好き」客が集う。

甘酸辛苦渋「天野酒」

なんでこんなにおいしいのと思いながら香ばしい平目の薫製をつまみ、エビスの生で咽を潤した後、さあ次は何を飲もうかと店内を見回していた私に、カウンター左隣席のお客が、自分のグラスを指し、こう言ってよこした。

「だまされたと思ってこのお酒注文してみて。天野酒の阿吽《あうん》。もう絶対おすすめ。私が保証しますわ」

ぐいぐい飲んでいた女性二人連れのうちの一人、もしや七十代かなと見受ける、酒場では珍しい層の人である。天野酒って河内長野の？　確か、銀座で何万とプレミアついていると聞いたことありますが。

「そう、その大吟醸。私、たいがい飲んできましたけど、びっくりしましてん、あまりにもおいしいて」

とまで言われちゃ、従わない手はありません。

左からアワビの薫製、どて焼き、スモークチーズ。見事に酒に合う

で、出て参りました。グラスになみなみ注がれた天野酒阿吽。ひと嘗《な》めすると、さらりとしていて、ほんとにうまい。とっさに、「甘酸辛苦渋」の五文字が頭に浮かんできて、続いて、先ほど聞いたひらがなの「あまりにもおいしい」という言葉もちらついた。

「じ〜んときません？　下の唇に」

と、隣席氏。私、そこまでツウっぽいことはわかりませんけど、ともかくうまいです。たまらんです。

「これね、お米は山田錦なんですよ」

「しかも、精米率三七、八パーセントやからね」

カウンターの中から、店の奥さんとご主人の弾んだ声が飛んできた。平目の薫製に箸をつけながら、ちびりちびり。あ〜私の体が喜んでいる、と思った。

それぞれに昔話点々

ここは、ミナミ・新歌舞伎座の脇、赤ちょうちんが並ぶ一角にある「山三《やまさん》」。一人でカウンターに座った私は、「山鶴の純米大吟」「苗加屋」「瑠璃色の海」「飛天空」……と、よそでは見かけない吟醸酒を次々に注文する男性客ずらりの雰囲気に、実を言うと少しばかり気後れしていた。隣席に女性二人連れが座ったので、ちょっとホッ。だけども、壁に「酒匠認定の店」の額が輝いているわ、カウンターに「蔵元めぐり」の写真ファイルが並んでいるわ、彼女たちもグイグイやり出したわで、こりゃあ私なんかの手に負える店でないと思えてきた矢先に、「天野酒阿吽」おすすめがあったもの。

常連というほどでもないけどという隣席年輩女性は、一緒に来ているのは東京オリンピックの年に生まれた娘で、月に一度くらいずつ親子でこの店に来る。ここから三分で歩いて帰れるところに住んでいるので、酔っぱらっても平気平気とご機嫌だ。年輩の方を前にすると、古い話を聞きたくなる癖がもたげ、じゃあ、このあたりに古くから住んではる？　昔の風景をご存じなんですか、と聞く。

「このあたり？　戦前から住んでますよ」

なんでか高島屋だけ焼け残ったけど、大阪大空襲で草一本ない焼け野原になった。戦後ぽつりぽつりと二階建ての木造家が建ち、そういえば、この近辺は昔から飲み屋さんが並んでいたなぁ。歌舞伎座が千日前から移ってきたのは確か昭和三十三年やった。あのころは、三益愛子さんの母ものの映画がかかる大映の映画館もあったなぁと、袖すりあった私に、お酒教授の次は、界隈教授。大歓迎である。

そんな話を聞いてか、三席先の五十代（たぶん）の男性が、

「僕がこの店に来はじめた二十何年前は、道沿いにまだ木造の店が多かったものな。唯一鉄筋やったこの店に行こうとすると、何軒か隣の店のおばちゃんに〝通せんぼ〟されるの。『にいちゃんにいちゃん、今日はうちへ来てや』って。面白かったわあ」

と、若い連れに言っているのが聞こえる。すると、カウンターの中からママが、

「そういや、あのころ、表を掃いてたら、『奥さんとこは鉄筋のビルできれいでよろしいなあ』て、よう言われましたもんね。今では、お客さんに申し訳ないほど汚くなってしまいましたけど」

とんでもない、ちょうどいいくらいの古さに特上の味。落ち着く。今こそ旬。まさしく脂が乗り切っている店だと思う。

極上の酒と肴

さてさて、玉子、こんにゃく、芋とおでんを食べたら、味これ秀逸。アワビの薫製もタコの塩辛も抜群においしい。お酒を中心に据えて、考えられたであろう品々であることが、一口食べるとすぐわかる。薫製ののった皿の脇役、みょうが一つとっても、シャキッとしていて、なんて上品なんだろう。

三人先のおにいさんが目を細めて飲んでいるのを見て、「あの人と同じものを」と注文したら、滋賀の喜多酒造というところの「爆烈濁酒《ばくれつにごりざけ》」が出てきた。「にごり酒やのに、不思議に甘くないの。もろみの量が多いから、口の中でコンコロコンコロしますでしょ」のご主人の言葉どおりの、画期的お味。口に入った瞬間から酒が踊り出すような。

もう一杯、なんかこうスッキリ系のお酒、もらえません？　には、愛媛県内子町の「輝乃吟《きらめきのぎん》」が出てきた。たいへんに香ばしくて、これまた私のタイプで、おかわり。さらにもう一杯、ぜひいただいてみなくちゃと頼んだ店のオリジナル酒「酒楽座《さけらくざ》」。これは癖のない味かと思うが、五、六杯目ともなると、私の判断能力などすっかり飛んでしまっている。

「このごろ、女の人増えたなあ。それも、よう飲みはる……」

夫婦とも酒が好き料理が好き

お客の誰かの言葉が、心地よいベールの向こうに聞こえてきた。

造り手を訪ね酒に「愛」

山三のルーツは、昭和三十年代初めから、ご主人、山瀬真樹さん（五十一歳）の父親が難波・御堂筋沿いで経営していた同名の割烹。山瀬さんは、その父親の薫陶を受けつつ、神奈川県藤沢の寿司屋や片山津温泉の旅館、奈良のホテルなどで修業してから、一九七四年（昭和四九）、二十四歳でこの店を開店した。

最初のうちは、菊正宗を置くごく普通の居酒屋だったらしいが、料理の腕がそこらの居酒屋と一線を画すというプライドは、当初「大衆割烹」と染めた暖簾を掲げていたことからも伺える。

開店数年後に吟醸酒を扱いはじめたのは、大丸の催事会場で天野酒の大吟醸を飲み、「味に深みがある、コレや」と鮮烈な印象を持ったから。「こういう酒をお客さんに飲ませたい」と血が騒いだ。と言っても、天野酒はたやすく手に入らない。各百貨店で催事があるたび駆け付け、大吟醸も吟醸も純米も買いあさった。

「吟醸も純米もほとんど知られてなかったころです。『こんな酒もありますねん』と説明しながらお客さんに試しに飲んでもらうと、すごい喜んでくれて」

そうこうするうち、百貨店の担当者から天野酒の社長を紹介され、潤沢に入荷できるようになった。菊正宗の銚子一本百五十円だったそのころ、一升七千円、プレミアついて二万も三万もした大吟醸を七勺七百円もの値段で売るのはとまどいもあったが、味を知ったお客さんの方にはとまどいがなかった、と。山瀬さん、常連客双方の旺盛な興味と研究心で、やがて天野酒以外の地酒も置くようになり、今や六十種以上。

個人的に蔵の見学に行く。本を読む。酒販店主宰の勉強会に行き、団体での蔵見学にも行く。

「お酒を造っている側の人に会い、人柄が見えてくるたびに、酒が〝味付け〟されていくんです。大事に飲みたい、もっと飲みたいと思う気持ちがお酒の味にプラスされる」

「仕事」の域を超えた、山瀬さんの酒への愛着がひしひし伝わってくるではないか。

聞けば、酒匠第七号であり、唎酒師《ききざけ》であるばかりでなく、過去に大阪で優勝、全国大会で銀賞に輝いていているそうだ。

「でもね、マスターはこのテの店にありがちなウンチクをたれはらへんの。聞いたら教えてくれるだけ。これがええんやな」

と、十年来の常連さん。そういや、最初はとっつきにくいと思ったこの店のお客さんたちも、うるさすぎず、静かすぎず。店との距離感も良好に、杯を傾けておられると見てとれる。

次は、誰を誘って来ようかな〜と、日本酒党の友人の顔をめぐらせながら、店を後にした。

（2002年3月取材）

◎島之内　よかろ

おだやかにおでん商い、四十年

大阪市中央区島之内2-9-9　TEL06-6211-2713
5：30PM〜10：00PM　日曜・祝日定休

道頓堀川の橋のたもとで四十年。珍しいおでんダネ満載の鍋に主人のにっこり笑顔が溶け込む。

「お好きなものがおすすめ」

宗右衛門町の通りを堺筋を越えて東へ進むと、地方の観光地にあるような「ホテル」が軒を連ねている。「素泊まり3500円」の看板あり、「歓迎○○様」と白書きされたボードあり。ミナミのど真ん中から至近距離だというのに、ほんわかムードだなぁと思いながら歩くこと三、四分。その店は、道頓堀川にかかる下大和橋のたもとにあった。

知人が一言「太鼓判」と言った、おでんとどて焼きの店「よかろ」。入口に立つと、シューと自動ドアが開き、

「いらっしゃい」

と、大きくも小さくもない声の、紺絣のうわっぱりが似合う大将。

広い、と思った。L字型・一枚板のカウンター十席と、四人用桟敷席一つだけの店なのだが、カウンター席のお客さんの背中から壁まで一メートル以上ありそうだ。し

郷里にちなんで久留米絣をいつも着用

おでんダネは35種。天ぷら100円～ころ1000円、中心は150円。品書きはない

かも、カウンターの外より、中の厨房の方がさらに広い。贅沢な造りだ。

小瓶あります？　と聞いたのは、この日、当方、一人で行ったからである。

「はい、どうぞ」

とびきり冷えたキリンの小瓶が出てきた。シュッと飲んで、湯気があがるおでんの角鍋を見る。大将は、お玉でだしをすくってはネタの上にかけ、すくっては上にかけ、している。

「何しましょ」

う～ん、おすすめは何ですか？

「うちで作ってるのは巾着とかロールキャベツとかですけど、お客さんの好きなものがおすすめです」

そりゃ、そうですね。じゃあ、その巾着とロールキャベツと、え～と、玉子と大根ください。

春菊、湯葉もおでんダネ

含み味の極み、というのだろうか。とってもおいしい。薄すぎず、濃すぎずのだしに、ごぼう、にんじん、たけのこ、糸ごんにゃく、しいたけ、ふきが入った巾着も、ふんわりどっしりりした大根も、まったりした口あたり。焼酎のお湯割りをちびりちびりとやりながらいただいたおでんは、文句なし、私のタイプだった。

あの〜、このおだしは何でとってはるんですかというういきなりの質問に、

「かつおとかしわの骨と、それからキャベツの芯とかにんじんの切れっぱしとか屑野菜が基本ですね〜」

と、嫌な顔もうれしい顔もせずにゆっくりおっとり答えてくれるあたり、しょっちゅうこの質問を受けておられるからに違いない。

「醤油は一滴も使ってないの。塩だけね〜。もう四十年、つぎ足しつぎ足ししてるもんじゃから、こういう味にね」

おっと、「四十年」と「じゃから」に、ビビビときた私。大将、あの〜と、話しかけようとしたところ、あちらに座っているご年配アベック客が、

「おとうさん、春菊ちょうだい」

「私は湯葉」

と、注文。「？…？…」と思いきや、大将は冷蔵庫から春菊の束を取り出し、おでんだしの中でゆらゆらさせて、

「はい、どうぞ」

湯葉はまな板の上でくるりと巻き、やはりおでんだしの中へ。一呼吸おいてから、

「はい、お待たせしました」

あら珍しい。同じものをいただこうかな、とひとりごちた私に、

「ほな、春菊と湯葉、いかれます？」

と、声をかけてくれたのは、大将の息子さん（に違いないと思ったら、そうだった）。

「さっぱりしてますでしょ」

ええ、ほんま、おいしい。こういうメニュー、もうずいぶん前から？

「十年以上になりますね。親父が四十年前にやり出したころは、普通のおでんダネだけやったみたいですけど、だんだん増えて、今、三十五種類あります」

ふき、えのき、かぼちゃ、たけのこ、さつまいも、シュウマイ、茎わかめ……。珍しいおでんダネをつまみながらお酒を頼んだら、あっさり系の辛口、熊本の「美少年」だった。ちびりちびり。居酒屋小説『センセイの鞄』に出てくるセンセイなら、

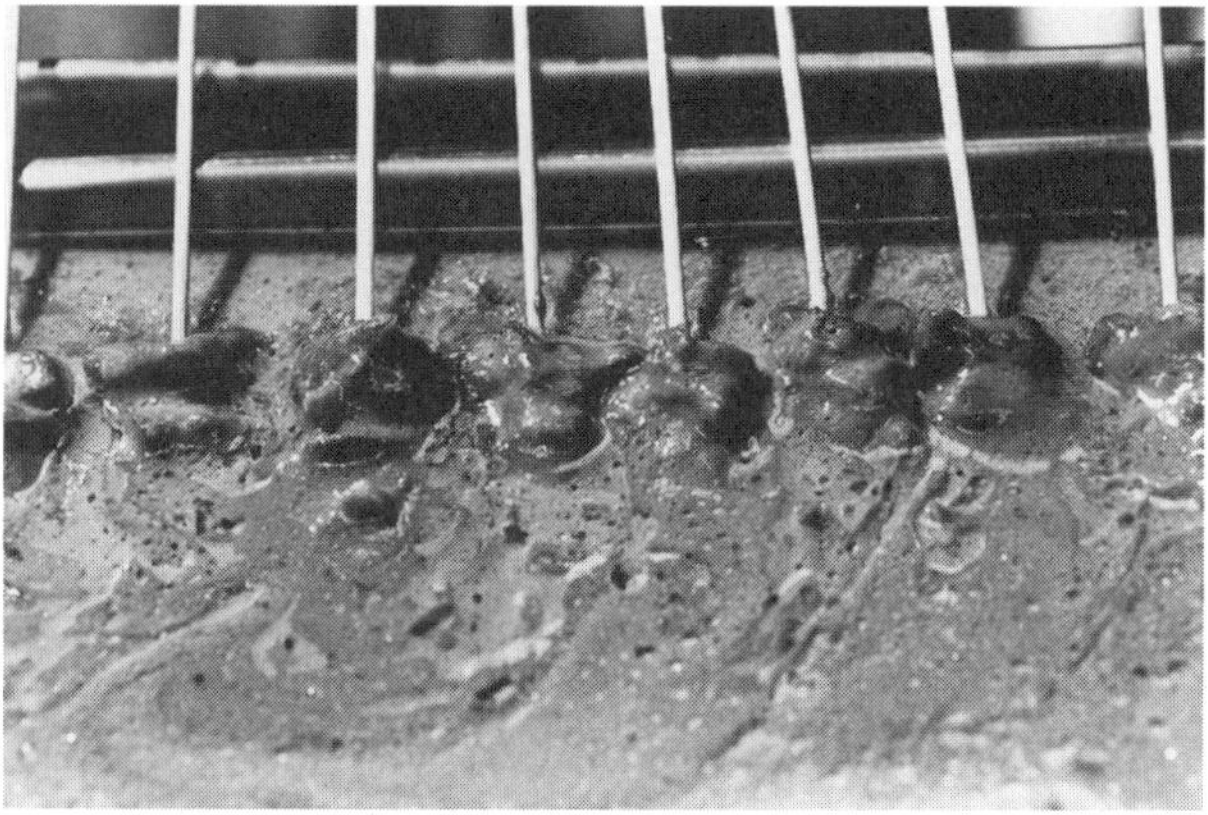

どて焼きはステーキ屋から買い受けたすじ肉を使用

「女のくせに手酌ですかキミは」と言うんだろうな。うふふふ。上々の気分です。

昔の島之内は……

ひとしきり飲み食いした後、この近所に、同業の先輩Yさん（六十代・女性）が住んでいることを思い出して突然電話をかけると、「へ〜、そんなええ店あったん？　行く行く」。五分後に、フットワーク軽くYさんがやってきた。

彼女と一緒にどて焼きを食べたら、これがまたうまい。そこでまた、作り方を聞いて感動したが、それを書くにはページがいくらあっても足りない。で、ちょこっと古い話をば。

「戦前のこのあたり、島之内は芸者さんの家が多かってね。旦那さん、みたいな人がよう歩いてはったなぁ」

と、Yさん。島之内ていう地名は、そのころすでに？

「そらそうやん。安井道頓さんが東横堀と木津川をつないで道頓堀を造らはってから、ずっと島之内やんか」

あと、長堀川と西横堀に囲まれてるから、島之内でしたっけ？

「そうそう。私ら子どものころ、あちこちからちんとんしゃんと三味線の音が聞こえてきたんよ。今の人には、あの雰囲気、わからんやろけど。ねえ大将」

山盛りのおでんをおいしい、おいしいと言いながら、かくかくしかじか、ソプラノ声で語ったYさん、

「あ、ごめん、そろそろパパが帰って来る時間やから、お先。ごきげんよう」

と、風のように去って行った。

夫婦で屋台から始めて

というわけで、戦前に旦那さん付きの芸者さんの瀟洒な居宅が並んでいたというこのあたりだが、空襲で跡形がなくなった戦後は、「ちんとんしゃん」が響く住まいのほか、飲食店、事業所、観光旅館などが次第に混然一体に。一九五二年（昭和二七）に福岡県久留米から上阪し、「丼池の丁稚」を経て「千日前の食堂で寿司修業」をし

店内には亡き奥さんの屋台時代の写真が

た飯田文男さん（七十四歳）が、「田舎っぽい場所やから、ちょうどよか」と下大和橋のたもとに屋台の「与可呂」をはじめたのは、一九六二年（昭和三七）のこと。当初は奥さんの喜久子さんが関東《かんと》煮《だき》を、少し離れたところで飯田さんが寿司屋をと二本立てだったが、売り上げの良かった前者にほどなく一本化したという。

「よかろ」とは九州弁で、大阪弁で言うところの「かまへん、かまへん」の意味だそう。辛いこともしんどいことも、酒を飲んで「まあまあ、それもよかろ」と水に流そうという思いが込められていたのかも、と私は想像する。

「あのころ、『朝は朝星、日は日干し、夜は梅干しいただいて……』という歌がありましてね～。朝から夜中の二時、三時まで一生懸命に働いたもんです」

宵の口に惚れた男と一緒に来た後、夜遅い時間にはカネづるのような別の彼氏ともう一回関東煮を食べに来るホステスさんに、ポーカーフェースをしながら心の中で手を合わせたり、なけなしの小遣いを持って飲みに来る糸へんの丁稚さんを前に「ありがとう」の気持ちでいっぱいになったり。

「こちらが一生懸命やっていると、お客さんも応援してやろうと思ってくれるようで、ありがたいことです」

と、飯田さんはおだやかなおだやかな口調で述懐する。

片や、居合わせた、開店当初から四十年以上通い続けているというお客（繊維会社社長、六十二歳）は、

「丁稚しとったあのころ、財布の中を見ながら飲んでたら、おかあさんが『お金ないのやったら、次来たときでええよ～』と言うてくれた。ありがたかったなぁ」

どこにでもありそうで、あまりない、店とお客の阿吽《あうん》の空気が流れていた。お上からのお達しで、屋台をたたんだのが万博の年。以来、半径十メートル以内をちょこちょこ動いて、今は三店舗目だ。

「昔、関東煮《かんとだき》て言うてた言葉も、今ではもう死語になりつつあるけどね。味は、四十年前から変わらんちゅうたら変わらんし、変わったちゅうたら変わったし」

と、飯田さんは愛しいものを見る目で、三十五種類が詰まったおでん鍋に目をやる。

「今はもう息子の代」と言うものの、毎日の味の仕上げは飯田さんが自分でみている。

「さすが課長。粋な店、知ってはるんですね」

「いや、まあね。君らも、こういう店の味を覚えていくといいよ」
カウンターの奥で、ＯＬ二人とその上司らしき男性が酒を交わしつつ少しはしゃぐ声が聞こえる。店内に小さく流れるＮＨＫラジオが、阪神の快勝を告げていた。

（2002年4月取材）

薩摩焼酎が醸す、めくるめく親父話

◎野田　味好《あじよし》

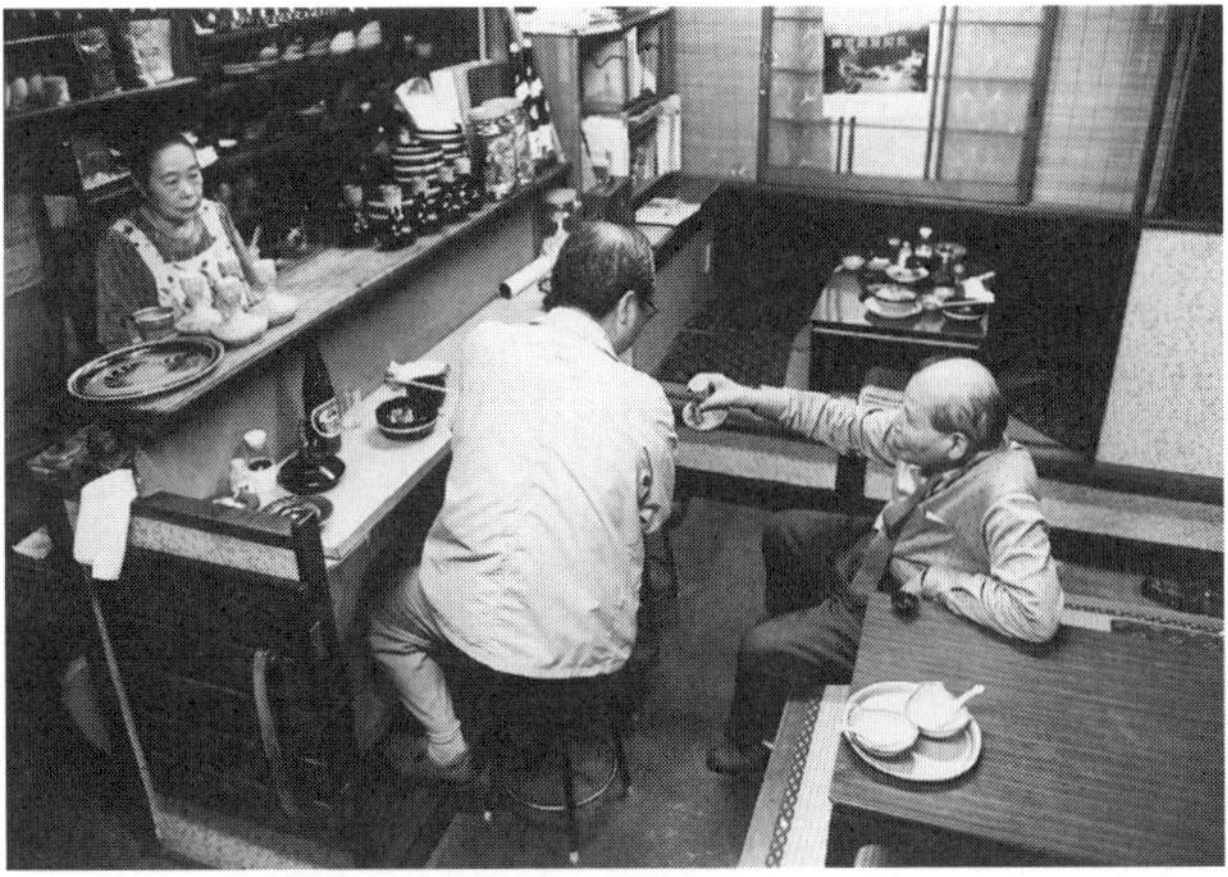

大阪市福島区吉野3-2-57 JR野田駅高架OK14番街
5：00PM～10：00PM 土曜・日曜・祝日定休（2003年閉店）

最初はお客さんかと思った。
よく飲み、よく語るご主人は、
洒落を交えてかく語りき。

黒ジョカで供す伊佐大泉

お世辞にも上手とは言い難い文字で、「薩摩揚一五〇、あげおかべ二五〇、輝生子《キビナゴ》六五〇、豚骨汁九〇〇……」と書かれた看板にそそられる。「気節・家庭料理」と、字が間違っているのもご愛嬌だ。

頭の上から電車の通過音が聞こえる環状線野田駅のガード下に、その店はひっそりとたたずんでいた。〇に十の字、薩摩島津の紋所が染められた暖簾をくぐり、ガラガラと戸を開けると、上目づかいにこちらを見たおかあさんに、

「隣と間違《まちご》うて入って来はったんと違う？」

と怒られた。きょとん。いえいえ。

「違うかったらええねけど、そういう人、ときどきいやはるから」

お隣は、今風の居酒屋さん。こちらは、全体がセピア色。良く言えば、渋い。歯に衣着せず言うなら、薄汚れている。四席だけのカウンターと小あがりにデコラ張りの

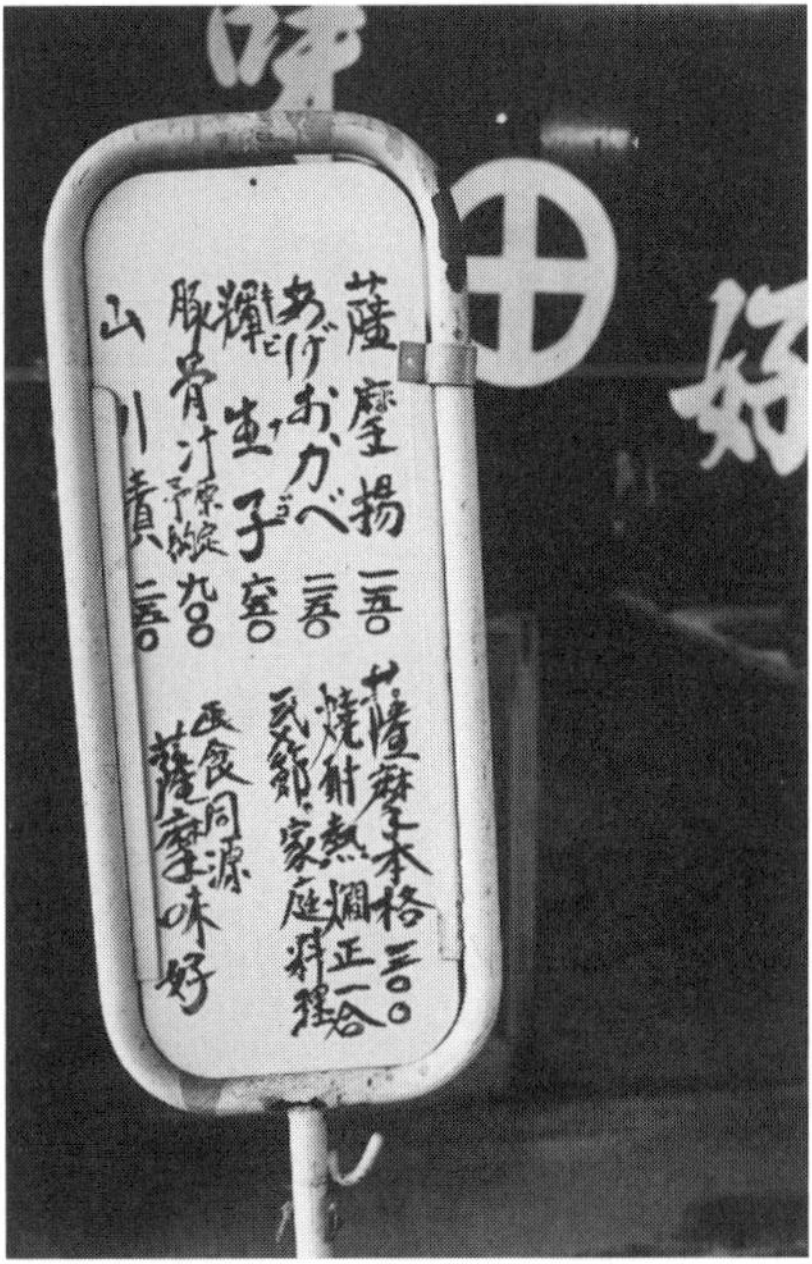

2002年、「味好」店頭にて

四テーブル。そのうち一番奥のテーブルに、中年男性三人の先客。ボリュームは大きくないが有線だろう、都はるみが「アンコ椿は恋の花」とがなっている。お察しのとおり、薩摩料理を供する居酒屋である。

いい感じやね、ほんま、心がこもっている店という感じ、歴史を感じるよねと、同行の友人二人がいきなりお店評論家になるのが面白い。

手前の桟敷席に座り、薩摩といえばそりゃあ焼酎や、と注文。魔法のランプの小型判のような形の、黒い酒器が出てきた。

「これね、霧島焼き。黒ジョカて言いますねん」

無愛想かな、と思ったおかあさんは、そうでもなかった。が、愛想笑いなどしないタイプではある。伊佐大泉という銘柄の、鹿児島北部の山に囲まれた伊佐地方の手造り芋焼酎だと教えられる。

やはり霧島焼きのお猪口に注ぎ合ってカンパ〜イ。ふむ？　超辛口だけども、香味があるぞ。飲み進むほどに、その香りが、体の中にずっくりと入ってくる。クセがきついかと思ったが、そうでもない。わりあい飲みやすいタイプやんと言った友人は、つきだしの山川漬けをつまみつつ、ほんじゃもう手酌でいこうと、お気に入り態勢に入った。

おとうさんの吸引力

と、そこへ、奥の席から「前にも来られましたか」とグレーの柄物のシャツにネクタイをきりりと結んだ男性が、黒ジョカと自分のお猪口を手に持ち現れた。あれ？　先客だと思った一人、背中を向けて座っていたのは、この店のおとうさんこと宰川《さいかわ》末彦さん、八十一歳だったのである。実年齢より相当若く見える。

「うちを、なんで知ったの？」

口コミで。なんか、すごいおいしい豚骨汁があると聞いてきたんですけど。

「そうね。自慢するわけやないけど、この前中之島のリーガロイヤルホテルのシェフも探りに来たからね」

と、十分、自慢している。今ちょっと、口が土木工事中だもので前歯が欠けた口に手を当

手作り薩摩揚げと黒ジョカと伊佐大泉と

てつつ、おとうさんはしゃべりはじめたら止まらない。

自分は永禄年間（一五五八〜一五七〇）から焼酎を造ってきた鹿児島県大口の出身で、この店をはじめて三十八年。大阪で焼酎を置いたんはうちの店が最初、もう長いこと値段も味も変わってないと直球を投げてくる。しかも、こちらが「へ〜」とか「ほ〜」とか、キャッチボール直前の相づちを打とうとて、一呼吸おく気がないようで、直球はばんばん続く。それも、こちらの猪口が少しでも空こうものなら、すぐさま「どうぞどうぞ」と注ぎ足してくれながら。もちろん、そのつど返杯。おとうさんも飲む。

「こうやってお話しながらちょこちょこ飲むのがええのよ、焼酎は。今の人、酎ハイを一気飲みするのは、ヘビの道です」

ヘビの道？

「邪道（蛇道？）ということよ、ははは。ここへ来たら応用問題を解かんと。うちでは焼酎を常温のまま六四に水で割って放置して、それから燗をするんですよ。そしたら、水割りの間にエージング反応を起こして酢酸エチルアルコールが醸成されるから、悪酔いせずにおいしく飲めるわけよ〜」

化学に弱い私はちんぷんかんぷんだが、おいしさに化学的根拠あり、ということなんだろう。

薩摩料理の特徴は大まかで武骨なことだそうだ

「焼酎はアルカリ性やし、甲乙あるうち、伊佐大泉は穀物類から造る乙類やし」

はぁそうなんですか。ところで、うちの娘の友達のお母さんに鹿児島出身の人がいるんですが、と友人が口をはさむが、「そうそう大阪には、石ころほど（多くの）鹿児島県人が住んでる」とぐいと話を自分の方向へ戻す、おとうさんの吸引力には太刀打ちできず。

心ゆくまで「見知り祝」

きびなごの刺し身が出てきて、銀色に光り輝く美しい姿形に歓声をあげると、

「産卵期を控え、脂がのってて今が旬ですよ。串木野漁協からの直送やの」

豆腐を素揚げしたあげおかべを前に、

「おかべというのは、鹿児島弁で豆腐のこ

と。宮中用語やと知ってる？　何？　知らなかったたって？　そういうことをあなたがたも勉強しないといかんわ」

　そして、いよいよ登場とあいなった名物、豚骨汁は黒豚のあら、大根、こんにゃくが入った、白味噌仕立てのボルシチのようなものだった。黒豚はやわらかくて、ぷるんとした甘さを含んでいるし、大根もとろけそう。意外とあっさりしていて、イケる。焼酎にぴったしくる。

「昔、薩摩では懐に味噌を入れて歩いていて、野犬や野豚がおったら、つぶしてスープに入れて食べた。それが郷土料理となったわけよ」とルーツを語るわ、「甘味を逃がさんように、最初に黒豚を油で揚げてから四時間煮込んでるの。そやから、毎日限定五人分だけね」とレシピを披露するわ、「骨まで愛して〜と、しがんで」と食べ方を指南するわ。おとうさんのサービス精神はとどまるところを知らない。ねえねえおとうさんと、ようやくこちらから「質問」できる間合いをつかむまで、小一時間が必要だった。

　鹿児島の人って、みんなおとうさんみたいにおしゃべり気質なんですか？

「薩摩の言葉で『見知り祝《ゆえ》』言うてね、見知ったんやから、飲み交わしましょう、ということや」

　ほー。いい言葉ですねえ。その「見知り祝」、鹿児島では相当飲むんですか？

「表現悪いけど、私はお客さんをしつけてきたんよ。料理を教え、飲み方を教え……。お客さんは店を選ぶ権利があるけど、店の親父にもお客さんを選ぶ権利があるからね。こうやって、（客席に）〝家庭訪問〟に来るわけよ。忙しいときはこうはいかんけどね」

上り下りの人生ストーリー

今日は暇だから、見知り祝の大サービスというわけか。う～ん、濃いなぁ。でも、こうなりゃ質問と答えの微妙な距離の間をこちらも浮遊してやろうじゃない。友人二人と、暗黙の目配せをして、焼酎をつぎつつがれつ、おとうさんの話に耳を傾けようと腹をくくった。どうせなら、人生ストーリーを聞きたいな。

「十五で北朝鮮に渡って朝鮮窒素肥料株式会社に勤めたけど、戦争がはじまって現地入隊。昭和二十二年にようよう復員して、汽車で二十時間かかって大阪へ出てきたんや」

苦労に苦労を重ねた末、従業員約三十人の化学プラントの製造工場を経営するまでに。一方で、鹿児島県人会の発足を手弁当で支え、郷里から大阪駅に着く「金の卵」たちの世話をし、中馬馨市長から西郷輝彦まで同郷の人たちを誠心誠意に応援し。

「小さいころから働きづめやったからか、鹿児島の人の郷土愛は他の地方と比べものにならないんよ」

と、滋賀生まれ、大阪育ちのおかあさんが口をはさむ。懐かしい故郷を身近に感じることのできる場所が必要と感じ、一九六四年（昭和三九）、新地に店をオープンさせた。ところが、ほどなく本業の工場が倒産。「あわや一家心中かと思ったくらい」の借金を抱え、夫婦二人でこの小さな野田の店で再出発。ここまで来たのだ、と。

あっちに飛んだり、こっちに飛んだり。「一六銀行（質屋）によく行った」「おなら（奈良）の警察もお客さん」「マニュアルでなく、このごろはマネアルの店が多いけど」などなど、端々に親父ギャグ、いえご本人曰く「言葉の遊び」ふんだんのめくるめく話の、以上が要約だ。

「まあまあ、人生は上り《のんぼ》下り《くんだ》があるけど、余命いくばくもないこの年まで仕事ができるのは幸せですわ」

ときにほろ苦く、ときにほろ甘いおとうさんの自分史ストーリーを聞きながら、その日、私たちは何杯の伊佐大泉をおかわりしたろうか。

（2002年5月取材＝2003年閉店）

「磯料理、まかしといて！」

◎阿倍野　魚市《うおいち》

大阪市阿倍野区阿倍野筋1-5-31 レジャービルアポロ地下２階　TEL06-6649-4652
11：00AM〜10：00PM　月曜定休

ご当地よりもうまい魚と工夫を重ねた珍味。大将のやる気満々が伝わる逸品、いっときますか。

ハモ刺し、いっときます

六月に、旅行雑誌の「旬を食べる」がテーマの取材で淡路島・南淡町《なんだんちょう》へ行ってきた。淡路島の南の沖、十キロほどのところに浮かぶ沼島《ぬしま》周辺が、「日本一」と言われるハモの生息地で、梅雨からお盆までが旬。産卵を前に、一番おいしくなる季節なのだ。

漁師さんに、長い縄に枝縄をいっぱい垂らし、その先につけた餌にかかったハモを引き上げるという昔ながらの延縄《はえなわ》漁法で捕るハモ漁の話と、「潮流が早く、澱みのない沼島近辺の砂地が最高で、身のしまり方が全然違う」という話を聞き、地元で評判の割烹店で湯びき、ポン酢和えなどハモ料理に舌鼓を打った。さすが本場だ。うまかった。

あの味をもう一度と思っていたところ、間違いなく、あのとき以上だと思える味に出会ってしまった。「おいしい魚が食べたいとき、遠いけどときどき行くねん」と箕面在住の知人に聞いて、行ってみた阿倍野の居酒屋で。

「祖父は淡路の漁師、親父は魚屋やったしね」

コギャルとサラリーマンが入り交じったアポロビルの地下二階の「魚市《うおいち》」。入口の前の生け簀に、鯛や平目やカレイがゆらゆらゆらと泳いでいる店だ。

「いらっしゃいませ」

と、小紋柄作務衣姿のフロア手前のおねえさんから歓迎の声がかかり、続いて、店内あちこちから「いらっしゃいませ」「いらっしゃい」の大合唱。いいねえ、こういう威勢のいい店は、と思いながらカウンター席に座り、しゃきっと冷えたビールを飲み、「北海道のエイの皮の煮こごり」だという突き出しをつまむ。

「あの〜、ハモありますか」

「へいっ。淡路のええハモ入ってますよ。湯びきにしますか。それとも生の刺し身？これがすごいうまいんですけど、いっときますか」

思わず、こちらにも「いっときます」と、おかしな日本語が伝染。カウンターの中の大将が目で笑った。

ではではお手並み拝見〜と少々嫌みな客になったのは、先日の淡路の割烹で湯びきは食べたが、刺し身は食べることができなかったから。「ハモは小骨がきついから、包丁を入れるのが難しい。刺し身の修業はまだまだ途中」と、その道三十五年の板さんに聞いていたからである。

職人技のハモ刺し。淡路島・沼島の産だ

磯、潮、香り、コク……

まだかな、まだかなと待つこと、十五分余り。「へい、おねえさん、お待ち〜」と出てきたハモ刺しは、透明に近いような白さで、表面には限りなく包丁が入れられたであろう職人技。

待ちながら、ぼちぼち飲んでいたのは、いろいろ揃った焼酎メニューの中から選んだ黒糖焼酎「朝日」のロック。こいつを欲しいがために、その昔、奄美を侵略した薩摩藩の気持ち、わかるよな、のうま味あり。きっとハモ刺しに合うだろうという推測は、ふふふ、ずばり当たってました。

柔らかすぎず、堅すぎず。淡白なのに甘さたっぷり。ふおお、とため息が出るほど、うまい。

「どうですか。いけますやろ」

「すっごくいけます。こんなん、初めて。この前、淡路に行ったんですけど、本場でも食べられませんでした」

「これね、沼島いうとこで捕れたハモですねん」

やっぱしー。

「真子《まこ》いう子ども持ってるメス。刺し身にできるほどのはなかなか手に入りませんから、今日はおねえさん、ラッキーですよ」

きゃあ、本当にラッキーです。黒糖焼酎のグラスを傾けながら、スダチをきゅっと絞ったコクのあるポン酢醤油を少しだけ付けて味わう。最高です。

そうこうするうち、「ちょこっと、食べてみはりますか」とすすめられたのが、その他のハモメニュー。浮き袋の炊いたん、肝のムニエル、ハモの骨の吸物。どれもこれも、私、初めてだ。磯、潮、香り、コク……と、いろんな単語が頭をよぎるが、こういう品はどうのこうのと説明するものでもないと思うのでやめる。「うまい」「気に入った」で十分かと。でも、聞きたくなるのね、作り手の一言を。

「浮き袋？　ハモのお腹に入ってるやつです。ハモの骨を炊いた汁で、炊いてますねん。ゼラチン質が多くて、おいしいでしょ。肝はね、熊の肝とか鯛の肝、蛇の肝と同じくらい亜鉛が多いから、元気がつく。骨汁は、一回沸騰させて高い温度でじっとさせてるから、うま味が逃げへんのですわ」

へえ〜。大将、これ、皆、自分で考案しはったんですか。

「まあね。うち、祖父は淡路の漁師で、親父は魚屋やったし。まあ、そのへんから」

こりゃあ、ただ者ではないぞ。「淡路の漁師」「魚屋」を頭にインプット。カウンター上のガラスケースには、カラスミやナマコ、コノワタその他珍味がごろごろしている。頭上には、立派な大きなカニの甲羅と鮭の薫製が天井からぶらぶら。

「そのサーモンの薫製、もらおかな」

と、三席隣のエグゼクティブ紳士が言ったら、大将はこう返した。

「これ、サーモンと違いますねん。北海道の花咲港にあがった鮭児《けいじ》。五千匹か一万匹に一匹くらいの貴重なやつが手に入ったから、うちで作りましてん。びっくりしはると思いますわ、この味」

そんなオーバーな。と思いつつ、私も注文。しがんでみて、マジでびっくりした。鮭の深い味っていうんだろうか。ほどよい潮味、ほどよい歯ごたえ。北から来たものは、北の酒でいただこうかと、グラスを新潟の久保田万寿に持ちかえて、ちびりちびり。

七時をすぎると、三人、四人のグループ客が次々と来店。漏れ聞こえるテーブルや桟敷席の歓談の声をよそに、カウンター席では通い慣れた風の一人客たちが、鮭児、イカの沖漬け、イクラの醤油漬け、山椒の花などをちょっとずつ。緑川、〆張鶴、くどき上手など各人お気に入りの吟醸酒もちょっとずつ。話しかければ、待ってましたとばかり応えてくれる大将は、お客を構いすぎず、放っておきすぎず。

三十年のフィールドワーク

「自分で商売やりたかったんです。大学は電気工学の専攻やったんですけど、十九歳でビリヤード場をはじめたんが最初です。この店は、昭和四十七年やから二十四歳のとき、アポロビルのオープンと同時に、親父と銀行からの借金と自己資金と三分の一ずつでオープンさしました。あと、八尾で魚屋とカウンターの店もやったし、アクセサリー販売店もやった。自慢やないけど、みんな成功したんです。けど、人手不足になった昭和六十年くらいに順番に店閉じまして、今はここだけ。あ、支店が二店ありますけど」

この店はいつから？　の質問に、大将こと金子州成《くにしげ》さん（五十三歳）は、立て板に水のごとく答えてくれた。つまり、今年で三十年になる。

子どものころから父親の魚屋を手伝っていたので、魚を見る目は肥えていた。だから、寿司職人を雇って「魚市」をはじめたとき、彼らが常識的な寿司ネタ以外の魚に「さわれない」ことに業を煮やし、自分で包丁を握り出したのだという。魚介料理、鍋、寿司と縦割りの業界だったが、「魚を使うの、同じやんか」となんでもＯＫの店に。

明石海峡大橋ができるずっと前のこと、毎日毎日二トントラックでフェリーに乗って、親戚のいる淡路島・塩田漁港へ買い出しに行くわ、伊勢の伊勢エビや鰯、北海道・知床の鮭、知多半島の鳥貝など、うまいと聞けばご当地へ飛ぶわ。全国の漁師さんと信頼関係を結び、今では淡路の「船買い」をはじめ全国各地から、曰く「最高級の」天然魚がどんどん届く。ハモ刺しは、約十キロのどでかいものが入ったとき。通常の湯びきには、七百グラム前後で頭が大きく胴が短い種類のものを。

と、ここまで聞いたが、肝心の包丁技の方については、「勘弁してくださいよ」と笑って取り合ってくれないのは、素人にちょっとやそっと語っても話にならないだろうということか。

長いこと通ってくれてはる『通人』のお客さん

〃新もん〃と呼ばれるイクラの丼、2100円

が多いですよと聞き、ではと、バチとやらで一杯やってる年配客に接近。

「あ、これねえ。瀬戸内で採れた赤ナマコの卵巣、口子《このこ》を二、三十匹分集めて日本海へ持って行って、十日ほど干してるらしいですよ」

イクラの醤油漬けに目を細めていた学者先生風男性も、

「川を上った鮭は真水にさらされてるから、卵のイクラが固くなるんですけど、これは海で採ったもんやから、非常に柔らかいのです」

と、さすがよくご存じ。

「こういう珍味に合う酒を、一升酒呑みの大将が選んで選んで置いたはるから、よけいにうれしいんですわ」

と、グラス揺らしつつ言われて、これが酒場伝の取材だったことを思い出した、すでに酔いの回った私。いかんいかん、いつのまにやらグルメ店取材になるところだったが、店内を見渡せばあちらこちらに一升瓶のキープが。それも菊姫（吟醸）、天野酒（同）あり、中々（麦焼酎）、宝山（芋焼酎）、久米仙（泡盛）あり。磯の香りを楽しみ、大将の話を聞きながらちょこちょこ飲むもよし、豪快に飲むもよしの店なのである。

（2002年6月取材）

店は世につれ　世は店につれ

◎お初天神　春雨

大阪市北区曾根崎2-5-20 お初天神ビル1階　TEL06-6311-5526
5：00PM〜12：00PM　日曜定休

一見、新しい居酒屋、いや割烹だが、
　聞けば「店に歴史あり」。
大阪に地下鉄が走った年に創業。

椎茸餃子のうまい大繁盛店

梅田の真ん中ながら、ごちゃごちゃしているから下町の貫禄十分と思える曾根崎お初天神通り商店街。その南端、お初天神の境内ともいえる場所に、「相当古くから営業していて、お母さんも店に出てはる。ともかくうまい」と知人にすすめられて訪ねた「春雨」。このシリーズで回ってきた中では、断然美しい店だった。

滑りのいい木の戸口を開けて中に入ると、右手に大きな大きなえべっさんの笑顔。左手に「伏見稲荷」の神棚と赤ちょうちん。それらも、永年の埃がたまって、というのではなく、ぴかぴかだ。しかも、後日撮影のとき、「ストロボなしで撮れる」とカメラマン牧田さんが言い、事実そうしたほど、照明が明るい。

訪ねたその日は、飲食店にお客が少ないとされる火曜日だったが、この店は、カウンターからの「いらっしゃい」という声がかき消されるほど、にぎわっている。唯一空いていた席に座り、生ビールを注文すると、

左から長女の夫、母親、長女、長男。家族４人とパート４人で店を守る

「スーパードライの『琥珀のとき』です」

が出てきた。グラスの上きっかり三割が泡。そのきめ細かさ、軽やかさ。ビールがどこで飲んでも同じでないことを知るに十分だ。

フロア女性におすすめを聞くと、

「お刺し身とお肉。それからオリジナルの椎茸餃子が、おかげさまで人気あります」

と。さらりと出てきた「おかげさまで」の言葉の響き、いいなあ。

で、その椎茸餃子とやらを頼むと、確かにうまい。椎茸の笠の下の部分に、香辛料たっぷりのミンチと玉葱、ニラのミックス、つまりギョーザのタネを挟み込んだ揚げ物で、椎茸の下味が効いているのか、甘くてジューシー。

いつもの私なら、「これ、ご主人が考えはったんですか」と聞くところだが、いかんせん、この店は繁盛しすぎだ。ご主人らしき人が、カウンターに二人。せっせと手を動かしておられる。こちらは、三人組で明太子豆腐、刺し身盛り合わせ、加茂なす田楽、いわしフライなどなど小品をいただきながら、紅乙女のお湯割り梅干し落としを何杯かおかわり。

午後九時、おかあさん登場

店は、去る客を見はからったかのように、すぐに次々とお客で埋まり、満席状態が続く。九時をすぎたころ、おかあさん（と一目でわかった）が現れた。花柄の森英恵（たぶん）のエプロンが似合う、にこやかな七十年輩。「おうち、おかわりも同じ銘柄でよろしいですか」と物腰上品な人だ。そのおかあさんと、常連とおぼしき六十年輩の女性客の会話が、聞くとはなしに聞こえる。

「ほんと、あのときはうれしかったわぁ。いっくら探してもなかったイヤリングをセイジちゃんが探して来てくれたんだもの」

「ああ、あのとき。天神さんの宵宮のときでしたなぁ」

この店で飲んでいた十七、八年前の七月十九日。お初天神の夏祭り宵宮の日、お客同士何人かで、境内に踊りに行った。そのときに、お気に入りだった大きなイヤリングの片方を落としてしまい、探せど探せど出てこなかった。ところが、その後、店のセイジちゃんが探してくれていたようで、何日後かに拾い出して「これでしょう」と渡してくれた。どんなにうれしかったか。毎年この季節になると、思い出すわ――。

そんな話に聞き耳を立てていた私に気付いたその常連女性客は、すでにできあがっている。モデルエージェンシーの経営者だそうだ。饒舌だった。

「あなた、若いからわからないでしょうけど、十七、八年前なんて女同士で仕事帰りに一杯飲みましょうって感じじゃなかったのよ」

へ～、そうなんですか。十七、八年前？　私は女ばかりのタウン誌に勤めていた二十年前、仕事帰りに一杯のつもりで終電まで、すでに毎晩飲んでいたが、ここでは言わない。二十七、八年前の間違いではと思うが、まあいい。

「でもね、そのころから、この店は私のお台所兼リビングルームなのよ。安くておいしくて。東京なんか行ったら、まずくて高くて、店に入れやしない」

と、突然雲行きあやしく東京の悪口になった。東京弁で。まあいい。少しずつ、店の輪郭がわかってきたぞ。

大阪駅から見えた初代の店

翌日、おかあさんこと柏井秀子さん（七十三歳）に、お客が空いた夜十時すぎから話を聞いた。

「古いことは古いですよ、うちの店。開店したんは昭和八年ですさかい」

むむ、昭和八年というと、御堂筋が北区側は開通していたものの、難波まで全通する前。梅田・心斎橋間を大阪初の地下鉄、御堂筋線が開通し「見物人がどっと押しかけた」という年だ。

「六年前に亡くなった主人の父が、今の阪神百貨店の南側の真向かいに五階建ての店を建てはったんです」

当時の阪神電車は地上駅で、阪神百貨店が十一階建てのビルになったのは戦後ずい

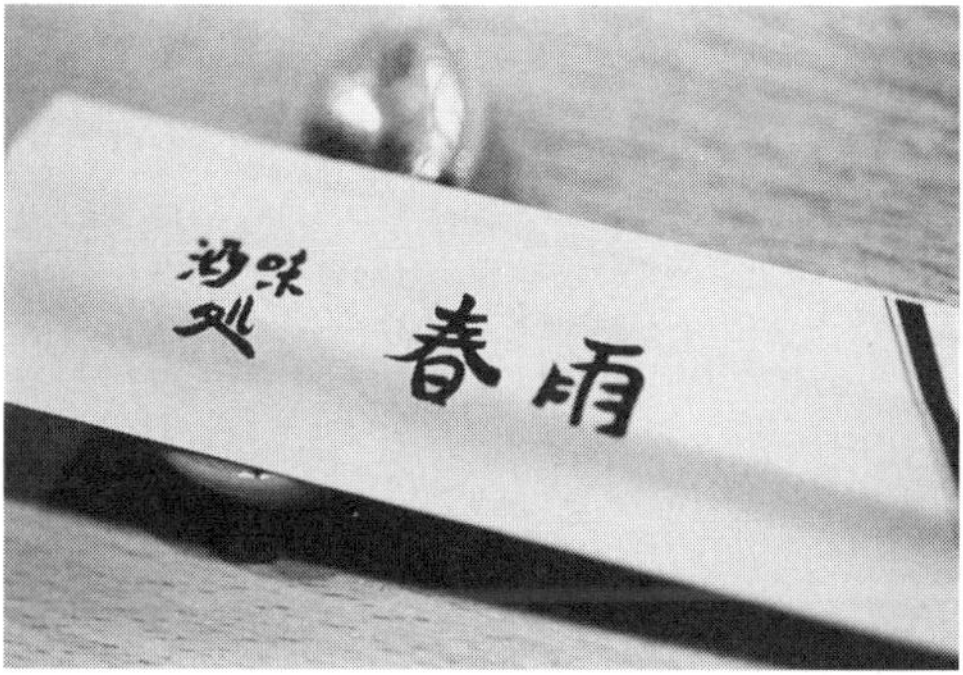

ロゴは古いお客さんが書いてくれた

ぶんしてからである。大阪駅を降りると広場に「小便小僧」の像があり、「春雨」が見えたことを秀子さんは鮮明に記憶している。実家は東大阪・若江岩田だったが、後の婚家とは親戚同士だったから、子どものころ、何度か親に連れられて遊びに来ていたそうだ。居酒屋というより料理屋の趣きで、よくはやっていた、と。

「私が嫁に来たのは昭和二十六年やから、その店は空襲で焼けた後でしたけど」と言いつつ、おかあさんは「おじいさんから、店が焼けたときに(厨房に置いていた)鯛が山盛り丸焼けになって放り出され、それを見た消防団の人がみんな泣いてはったと、よう聞きました」と、ぽつりぽつりと語る。

「そういう話は何べんも聞いたのに、肝心の『春雨』という店名の由来を、おじいさんにも親父にも聞き忘れたから、なんで『春雨』ていうのかだれも知らんのです、残念なことに」と息子さんが口をはさむ。件のお客のイヤリングを探し出したセイジちゃんこと誠次さん（五十歳）である。

「春雨」は、一九五四年（昭和二九）に、現在の店と目と鼻の先、曾根崎センター街（現曾根崎お初天神通り）沿いの角地で、大衆の店として再出発した。

「私が言うのも何ですが、どんなにはやったことか。午前三時までの営業やというのに、毎晩毎晩午前二時は満席御礼の時間でした」

昔ながらの格子戸に暖簾がかかった十坪三階建ての店で、メニューは串かつ、おでん、焼き鳥、きずしなど。酒は二級酒。両親に連れられ豊中の自宅から遊びに来て、シュウマイや枝豆をつまみ食いしたその店を、誠次さんは文学部出身だけど「当たり前のように」継いだし、妹さんの夫が板前さんだったのも「ごく自然」なことだったそうだ。

「昔、学生のころ『腹が減った』と言って行くと、おじさんがただで握り飯を食べさせてくれた――と言うて、偉くなった紳士も来てくれはった」

主の人柄が、店ににじみ出る。

昭和四十年代くらいまでは、御堂筋の西側、今の駅前第四ビルあたりに「丼池《どぶいけ》と並ぶくらい」の規模で形成されていた「梅田繊維街」の人たちも大事なお客さんだった。

「大衆的な雰囲気がいい」と、井上陽水、吉田拓郎、武田鉄矢、上條恒彦、井上孝雄、美空ひばりの付き人さんら芸能人も代わるがわるよく来てくれたと、おかあさんは懐かしむ。

平成になってから立ち退き騒ぎが起こり、七年間、新御堂の東側で営業。四年前に現在の場所に戻って来たというのが、この店の履歴だった。話を聞くほどに、私は「大衆的」だったという前の店に行ってみたかったなと思う。

そのころを彷彿とさせるもの、何か残っていませんか？

「う〜ん」と考え込んだお母さんと誠次さんと、義弟さん。

「年末に伏見稲荷へお参りに行くのは、ずっと前からの習慣ですけど、神棚とちょうちんは毎年新しくするからなぁ。厨房用品も消耗品やし。串かつ時代の名残りでフライものを出しているくらいで、これと言って古いもの、何もありませんねぇ。すみません」

そんな。謝ってもらわなくとも。

改めて店内を見渡し、和紙に流麗な墨文字で書かれたメニューを見る。中とろ、とろあぶりたたき、関さば一夜干し、えてがれい、鯨さえずりと高級メニューが中心で、酒も八海山、呉春、吉兆宝山、隠岐誉、李白などなどグレードの高い地酒がずらりと並んでいる。客単価六千円。大にぎわいが証明する美味の店であることは承知だが、居酒屋というより、すでに割烹の域だろう。

「メニューが変わったのは、これも自然の流れでしょうか。お客さんの口は肥えてくる、いろんな要望が出てくる。こちらも腕をふるいたい。昔みたいに、採算度外視でというわけにもいかないですし」

誠次さんの言に、おかあさんと義弟さん、大きくうなずく。そう、「ときを継いでゆく」とは、そういうことだろう。もう一つ言うなら、一貫しているのは「お客の心をつかんでいる」こと。

お初天神の夏祭りの日、お旅所で、生まれてこのかた曾根崎に住んでいるという七十五歳の男性と話す機会があった。その人は、初代の「春雨」が阪神前に威風堂々建っていたことを覚えていて、「あのころ、ここらは小川が流れていて、小さな森もあったんよ」と教えてくれた。

そして、私事ながら、後日、もしやと思って尋ねると、我が七十九歳の父親もこの店を知っていた。江戸堀に住み十三の中学に通った昭和十年代初め、梅田で市電から降りるとき「威風堂々」を毎朝見ていた。真砂町（現西天満）で小さな診療所を営んでいた昭和三十〜四十年代、仕事帰りの串かつと「一杯」に、「大衆の店」時代の春雨に立ち寄っていた。「え？　あの店が阪神前にあった店やったんか」と、今ではすっかり弱くなった杯を傾けながら言ったのだった。あらま。

（2002年7月取材）

◎大宝寺　若松

「今の店を母が見たら、気絶するでしょう」

大阪市中央区西心斎橋1-10-6　TEL06-6245-5150
6：30PM〜12：00PM　日曜・祝日定休

五十余年前の網代天井の下に、
バンダナ、ピアスのマスターが立つ。
元・高級天ぷら屋は、マイナスイオン流れる快適酒場に。

カウンターカルチャーの店

「一回、僕のよく行く店に、行ってみぃひん？」

と、カメラマンの牧田さんが言った。

「井上さんが気に入るかどうかはわからへんけど、五十年以上続いてるらしい店やねん」

というわけで、今月は「若松」という店にやってきた。ホテル日航大阪のすぐ西側。アメリカ村が目と鼻の先だから、へそ出しルックのおねえさんも闊歩しているあたり。雑貨屋やカフェなどが入った数階建てのビルが並ぶなかに、ここだけ木造り、窓に格子の二階建てだった。「五十年以上」と聞き、もしやこの中に入ればタイムスリップ——と想像したのだが。

「あ、どーも。いらっしゃい」

と、にっこり迎えてくれたのは、意外にも、頭にバンダナを巻き、耳に大きなピアスが光る若いマスターだった。コの字のカウンター九席と四人掛けテーブル二つ。窓際の台の上に、趙博《チョウバク》さんらのライブやワークショップの案内ちらし、「がんばらない生き方特集」と書いた小冊子、インディーズCD、若手作家の作という器類、「浜岡原発とめよう裁判の会」とやらの署名用紙も置かれている。七〇年代の京都に、こういう店よくあったなぁなどと思い、カウンターカルチャーという語彙を頭に引っ張り出した私。今から思えば、そういう店ではいまいち味は期待しなかったが。

ところがこの店の料理は、牧田さん曰く「こじゃれてる」。カウンター上の大皿から地鶏のハーブ煮込み、チリビーンズ、和紙に墨書きメニューからサラダ豆腐とカマンベールチーズの天ぷらを注文。マスターは、しゃれた小皿に手際よく盛り付けて、出してくれる。生ビールをゴクッゴクッと飲みながらいただく。ＯＫ。

「あの～。マスターは、いつからマスターなんですか」

「店に入ったときからマスターて呼ばれたから、八年くらいかなあ」

「それにしたらって言うたら何やけど、若いのに料理うまいね～」

「いや、込み入った料理はおかあはん。僕は切ったり、のせたりしてるだけ（笑）……」

客層は幅広そうだ。マスターのバンド仲間（マスターは、アフリカン音楽というのをやっている人だった）らしきおにいさんや「先週カトマンズを歩いてきた」としゃべっているやはり若いグループがいるかと思えば、実業家風の貫禄おじさんとその彼女風のカップルも、粋なおじさん二人組もいる。ここでは、ひと昔前のように、「原発反対」などなどが〝踏み絵〟じゃないみたい。よかった。

「家庭料理以上、割烹未満なところがええねん」

と牧田さんは言いながら、マスターに「すっきりしたやつ」と選んでもらった冷酒のピッチを上げはじめた。私は、近ごろお気に入りの黒糖焼酎を見つけ、水割りで。ややして、カウンター内の天井が杉板を模様編みした網代《あじろ》だということ、店の中央の飾り柱の意匠が風流だということに気付いた。足下に目を落とせば、小さな黒石が点々とはめ込まれた床も、これまた風雅な趣き。バンダナのマスターが立っているのは、ずいぶん贅沢な空間なのである。

「家庭料理以上、割烹未満」を作る「おかあはん」はどんな人だろう。ときおり店の奥から料理をフロアへ運んでくるその人は、おかあはんと呼ぶには若すぎる、草木染め（たぶん）のロングスカートが似合う人だった。

先代女将は「ものすごい人」

「ここは、一九五〇年、私が一歳のときに、母が叔母と一緒にはじめた店なんです。母は粋筋の出でね——祖父が文楽の義太夫弾き、祖母が堀江でお茶屋をしてたんです

同志であり友人同士でもある「おかあはん」と息子

――、ごひいきにしてくださるお客さんが大勢いらっしゃって、天ぷら屋をしたんです。何で天ぷら屋やったかというと、まだまだ国が貧しかったあの時代に、お海老の天ぷらをお腹いっぱい食べるのが、みんなの夢やったからと違いますか」

海老ではなく、「お海老」である。後日、古い時代の店のことを教えてほしいと言った私に、「おかあはん」の由美子さんは語ってくれた。

黒塗りの車で乗りつける旦那衆が顧客の、一見《いちげん》さんお断りの店。黒門市場から仕入れる活のいい車海老がなんと十尾近くと、あと、白身の魚や季節の野菜が次々と出てくる天ぷらのコース料理を供し、その値段は七〇年代に二万円を超えていたというから、相当の高級店だ。建具だけでなく、テーブルにも椅子にも釘一本使っていないところからも、店の風格が見てとれる。

「いやほんまに、母はものすごい人やったんです」

そもそも店をはじめるときに、縁あって働きたいと言った女の人十数人を、「一人も二人も十人も一緒」と引き受けて家族のように住まわせ、ここからお嫁に出した。お茶、お花、謡、踊りなど何でも堪能で、一を聞くと十を教えてくれるほど物知り。年末の銀行帰りにひったくりに遭い、とっさに右手を隠し、「この手があったら、天ぷらを揚げられるから」と言ったなどが「ものすごい人」の断面。『太白《たいはく》』のごま油を使って高温でカラッと」の天ぷらの揚げ方は、大阪ばかりか東京の一流店からも教

えを請うたそうで、

「昔の、一流といわれるお店には、順を踏んでお願いすると、そのレシピまで教えてくれる懐の深さがありましたよね」

と由美子さん。世の中、持ちつ持たれつ。誰かに世話になったぶん、他の誰かにお返しする。そんな秩序が保たれていたのでしょう、と。

名前を挙げれば誰もが周知の名だたる実業家が女将になにやら相談を持ちかけ、ビシッと怒られてはったと、古くからのおなじみさんに聞き、昔の結婚式のスピーチによくあった「世の中を動かすのは男。その男を動かすのは女」という言葉の「女」とは、そうか、こういう女将を指すなら当たっていたのだと、私はひとりごと。

「そう、『後ろ姿のええ人になんなはれ』言うて、よう怒られましたね。私は、そんな母に百年経っても二百年経ってもなれないから、店を継ぐなんて恐ろしいこと、まさか夢にも思ってなかったです」

ところが、その母親が一九八八年（昭和六三）に亡くなり、店の整理をするうちに、「灯を消したらあかん」という気持ちがふつふつと湧いてきて、自分流のやり方で店を継ぎたいと思うようになった、と。

「母は、お仏壇から、今の『若松』を見て気絶してると思いますよ、もう絶対（笑）」

あのユミズさんだった！

壁も床もテーブルも椅子も、五十二年前と同じ。旦那衆が四季折々の掛け軸の絵から粋な会話を楽しみ、二万円の天ぷらに舌鼓を打った同じ空間で、今、老若男女がジャズをBGMに八百円ほどの小皿料理をつまむのである。

ところで、由美子さん自身のことを少し聞いていいですか。

「『新しいこと』にひかれて、私はまったく別の道に進んだんですけどね」

美術系の学校を出て、二十代はスタイリスト、デザイナーとして活動。その後、「人生で一番楽しいはず」の子育て中にブルーな気持ちになったことをきっかけに、「お母さんと子どもの生活を楽しくする」がコンセプトの店を開いたと聞いて、私は「え〜？」と大声をあげてしまった。

わかった。由美子さんは、二十年ほど前、「ユミズ生活学研究所」という店をこの近くでやっていたあの堀越由美子さんだったのだ。取材をきっかけに、私も何度か足を運んだことがある、当時知る人ぞ知る存在だった店。イケイケドンドンの風潮に警鐘を鳴らす木の玩具や自然素材の衣類、無添加食品などが並び、今でいう癒し系のミニイベントやラマーズ法の講習会も開かれていた。リブの運動体とは異なるふわっとした温かさがあったその店で、私には忘れられない思い出が一つ。いつぞや、妊娠中だった私は、ハイヒールを履いてその店に行き、「今すぐベタ靴に履き替えなさい」と由美子さんにきつく叱られたことがあったのだ。

「あら、そう？　私、お客さんに怒ってた母と同じことやってたかな、覚えてないけど(笑)。ユミズを十六年ほど。個人レベルのことをベースに、社会的なことに頭をつっこんでいくと、あれもこれもと関わりが広がってね」

なるほど、あのユミズ生活学研究所が「お母さんと子ども」から対象をすべての人に広げ、食べ物・飲み物に特化したのが、新生「若松」だったのだ。とすると、味も雰囲気も合点がいく。二十六歳のマスター堀越大二郎さんが、十三歳で登校拒否になったのを機に渡米し、アメリカインディアンの平和運動に関わってきたと聞いたが、その接点もおぼろげに想像できる。

じゃあ、店で使っている調味料、食材は無添加、無農薬・低農薬なんでしょと聞くと、大当たり。店の奥に、食材にマイナスイオンを添加する「イオンチェンジャー」という装置も据え付けられていた。水の貯蔵タンクには、マイナスイオンが自然発生する備長炭も。

「この店は、お客さんの健康まで考えてるの、とときどき不思議がられるんやけどね(笑)」

あ、そんなことより、母の代と同じ味の、うちの定番商品を食べてみてと言われ、

「天バラごはん」をいただく。海老のかき揚げを小さくつぶしてご飯にまぜた丼。さすが無農薬&マイナスイオン。あっさり。塩味が効いている。先代女将からマスターへ。曰く「隔世遺伝」した味。

「あのね、物体も人生も常に変化するものやけど、変わっていってていいものと、変わっていかないほうがいいものとがありますやん。そこらへんのバランスやね～」

言葉をゆっくり選びながら話す由美子さんの声を、若松の天井や柱の木が聞き、見守っている、と思った。

（2002年8月取材）

だれが呼んだか「草鍋屋」

◎九条　小川下《こかげ》

大阪市西区九条1-16-13　TEL06-6582-2750
5：00PM〜10：00PM　毎月第3月曜〜木曜定休

てんこ盛りの野菜に愛を込め、

「草鍋」作って三十二年。

「古くさい」が褒め言葉になる店。

ヘルシー&気配り

九条の商店街の近く。白い外壁をぶどうの蔦が覆うその店の、薄紫色の暖簾をくぐり、がらがらと滑りの良い木戸を開けて中に入った。「小川下」と書いて「こかげ」と読む。「草鍋」が名物の店だ。

「うわっ、しぶ〜い」

と、同行者。ふわっと温かい湯気が立ちのぼる店内は、黒光りした梁あり、杉玉あり、招き猫あり。「年輪」を感じる民芸風の造りである。午後七時、会社帰りっぽいグループや自由業っぽいおにいさん何人か連れで、ほぼ満席状態だ。

「予約?」

と、作務衣を着た七十年輩おじさん。いいえ、予約してないですけど。

「三人?」

と、作務衣おじさんの奥さんっぽい女性。

「ええ」

ちょうどええわ。今、キャンセルになって空いたの、ちょうど三人前。ここどうぞ。と言われて、直径三十センチばかりのステンレス鍋に緑の野菜てんこ盛りの「草鍋」がテーブルにどか～んと置かれた小あがり席へ。

「すご～い、すご～い」

と、その野菜てんこ盛り状態を初見の同行者二名の大合唱。「ほんまに〝草鍋〟や」。実は、私は以前に二度ほどこの店に来たことがあるからそんなには驚かないが、しゃきっと冷えたスーパードライで乾杯したあと、

「火入れますね。食べ方わかりますか」

とやって来た作務衣おじさんが、同行者たちに、

「初めてやね」

私に、

「おたくは、前に来はったことあるね」

と言ったのには驚いた。なぜなら、私が来たのは、十年近く前だったから。すごい記憶力。（なお、私は太り気味な程度で、容貌にどぎつい特徴はないつもり）。

てんこ盛りの草鍋の中味は、しろ菜にモヤシ、ニラ。ぐつぐつ煮えるうち、鍋にほどよく納まるかさになった。「もういけますよ」の言葉と同時に、おじさんは野菜の

上に醤油を回しかけした。醤油の入った取り皿に少しだけ練り辛子を入れて、お鍋のだしをすくい入れてから、野菜をたんまり。

「おお~、ヘルシー。何年分もの野菜を一度に食すって感じ~」

箸が進む進む。野菜の下をほじくると、春雨と豚肉と豆腐も出てきた。鍋の底に近くなるにつれ、唐辛子の辛味が少々。うまい。だしもうまい。ビールもおかわりおかわり。次、お酒。

「あいよっ」

と、店のど真ん中にある、業務用酒燗器で燗した日本酒が運ばれて来たのだが、一口飲んだ同行者がこう言った。

「ノズルの洗浄ができてる……」

何を隠そう、この同行者は、洋酒メーカーの社員。

一例に生ビール。同じ銘柄のものでも、店によって天と地ほどうまさに違いがある。毎日いったん、生ビールの保存容器を空にしてノズルと容器をきれいに洗浄している店の生ビールはうまく、放ったらかしの店のはまずい。まったくもって、うまい店は少ない。注ぎ方にもコツがある。その法則、きっと日本酒にも通じるというのだ。

知らなかった。でも、そういえば。このきりっとした辛口酒には、ストレートなうまみが。野菜に合う、豚にも合う。う~ん、気に入った。

レトロな店内には、亡くなったご主人が好きだった大相撲カレンダー

「そう？　このお酒『ねのひ』。いけまっしゃろ」

ソニーの盛田グループのルーツといえる知多半島・盛田酒造の「高級料亭用・上撰」という種類とか。

「うちはずっと前からこの銘柄だけ」

と、目を細める作務衣おじさん夫妻がてっきり主だと思い、取材を申し込んだら、違った。厨房の奥からにこにこ笑顔の女将さんが出て来られた。

店と夫婦の年輪

「フロアにいてくれてはるの、私の高校時代のお友達夫婦なん。もう二十何年になります。メニューも、仕事してもらってる顔ぶれも十年一日いうことは、ええように言うたらこだわってるのかもしれへんけど、新しいことにチャレンジしてないだけのことかもしれへんね」

家族的で、どこか懐かしくて、いいお店ですねと言った私に、店主・横山美栄さん(七十歳)はにこやかに応じてくれた。草鍋、ヘルシーですよね〜。

「古くさい感じでしょ(笑)。うちではちゃんこ鍋て呼んでたんですけど、誰が名付けてくれたか、マスコミに取り上げられるようになった昭和六十年ごろから『草鍋』って言われるようになってねぇ。ひとつも凝ったところのないお鍋でしょ……あ、私、一人でペラペラしゃべってしもてごめんね。何でも聞いてください」

ほんなら、こっち来はるか、散らかってるけど、と炬燵とテレビと茶簞笥と本棚と仏壇が置かれた、居心地すこぶる良さそうな厨房奥の四畳間に招き入れられた。壁には、あご髭長いご老人の肖像画と、馬にまたがった凜々しい軍人さんの絵。

「もしかして、ご主人?」

「そうそう。一緒に店をしてきた、ひと回り近く(自分より年齢が)上やった主人。面白い人やったけど、七、八年前に亡くなったの」

となると、聞きたい。お店とお二人の年輪を——。

「小川下という名前は、主人の、高松にあったふるさとの名前ですねん。ダムができて水没した地名」

「主人は、もともと田舎の役所の戸籍係をしていたらしいんですけど、中国から復員

小文を書き、詩吟を吟じる女将は、新制市岡高校の一期生

して、昭和二十八年からこの店をやりはじめたの」

中国の話はあんまりしたがらない人だったが、草鍋は、彼の地で食べたチンゲン菜や豚肉などをトーバンジャンで炒めたものを入れた辛い鍋をヒントに生まれたらしい。チンゲン菜を、「昔、おばあさんがおアゲさんと一緒に炊いて食べてた懐かしい味」のしろ菜に代えて、炒めず、辛くせず、薄めのうどんだし風のだしで。牛肉や魚も試みたが、あっさり味の豚肉が一番おいしかった。「自分たちが食べたいもの」が原点。もっとも、草鍋に行き着く前はお寿司をやったり、すき焼きをやったり、時代に応じていろいろだったけど、と。

その昔は、松島遊廓に遊びに行く前に寄ったり、遊んだ帰りに女の人と一緒に寄ったりする殿方たちが多かったとも。市電発祥の地で、築港行きの市電が走っていた九条はにぎやかかやったのよ、(戦争で)焼けたあと「心斎橋より幅広の商店街を」って、ほら、九条モール商店街、広いでしょ、とも。

ふむ？　女将さんはずっと九条の人？

「いや、ミナミ。里は、精華小学校の近くで奈良漬け屋やったの。戦中に九条へね。『ミナミに帰れなかったいとはん』言うて、昔、新聞に載ったこともある～」

と、店の前史は尽きないが。あの～その～、つまり、草鍋はいつから？

「昭和四十五年ごろ。それまで、真ん中に厨房のあるコの字型、十四席の店やったのね。同じ広さで、席数を倍にしようということになって改装して、草鍋一本、三十二席の店にしたんよ。私、結婚してここへ来たときから、主人と二人でね」

初めにラブストーリーありき

ありゃ？　ということは結構晩婚やったんですかと、ぶしつけなことも平気で聞ける雰囲気をこの人は持っている。

「へへ。年が合わへんよね。二人とも、再婚やったの。なんで知り合ったかというと、主人が釣り好きで白浜に別荘を持ってたの。私は里の弟と、そのころ九条の商店街で食堂をやってたんやけど、その弟と主人が釣り友達やったのよ」

男の人たちが夢中になる釣りってどんなんやろ、と白浜へ同行したのがご縁だった。「海が見える家、とても感じよかったので、私もお隣の空き地に別荘を建てようかなぁと言ったら、主人が『そんなん建てんでも、あんたもこれからずっとこの家を使ったらええやん』て」

「里の商売を弟に任せて、いずれ私は独立して店を出すつもりと言ったら、『そんなんせんでも、うちの店を二人でやったらええやん』て」

あらあら、「大きな恋のメロディ」ですやん。ごちそうさま。かくして、四十代と五十代のカップル誕生。「自分たちでペンキを塗ったり」して、店を改装。草鍋一本に変更し、今の状態になったのだという。

「子どもがないから、二人とも店を子どもやと思ってね……」

なるほど、「子ども」がすくすく育つのが「親」の願いだから、無茶はせん。ひたすら「愛」を注ぐ。しろ菜はまざりもんのない、生産者名もわかった府内の産、春雨は煮崩れしない中国製の緑豆春雨と、密かにこだわり、「子」が一人歩きをするようになると見守る側に回るって寸法か。ちなみに、草鍋の値段は当初二百五十円、今千二百円。一把三十円だったしろ菜が十倍に高騰したが、鍋は四・八倍になったにすぎず。

「お父さんは亡くなったけど、今は、子どもが『成人式』を過ぎてやれやれというところ。もう年やから先のことを考えなあかんとは思てるけど、商売には定年ないし。(従業員を含め)誰か一人が倒れるまでこのままかなと思てるの」

後日、昼間に店を訪ねたとき、しろ菜の山に囲まれ、従業員さんたちと世間話に興じている女将さんの楽しそうな姿があった。私は何げなくを装い、聞いてみた。お酒の燗付け器、毎日洗ってはるん？　と。

「そらそうですやん」

ねえねえ、生ビールを置いてはらへんのはなんで？

「入れる人が(専属に)ついとかなあかんから、無理やと思うの」

さすが。「酒」が主体の店でないのに、うまい草鍋の外堀の固め方を心得ていらっしゃる。三人組で訪れたあの日、私たちは草鍋を食べた後も居心地のいい空間を去り難く、ぬた和えや酢の物など小品をいただきながら、ちびちびやり続けたことを報告しておこう。

（2002年10月取材＝2007年から草鍋1400円に）

人生の大先輩に囲まれる夜

◎新梅田食道街

おていちゃん

大阪市北区角田町9-26　TEL06-6311-6164
3：00PM〜11：30PM　日曜・祝日定休

大阪駅東側の賑々しい高架下に、
店を構えて五十年余り。
永年のご常連たちが、杯を傾ける。

「おたく、どちらさん?」

「あかんねん。この店が雑誌に出て、人がパーといっぱい来たら困るから。書くなら、おたく、ちゃんと書いてくださいよ、この雰囲気。昔ここへ来てた人が、雑誌を読んで思い出して久しぶりに来てみようという気になるように」

と、隣席したご常連に釘を刺された。その人は、「ほら、ここはその花みたいな店やから」とカウンターの端の花瓶に生けられたランの花を指さす。手塩にかけて育て、美しく咲く。凜とした雰囲気を放っているという意味だろうかと思う。が、ここでわざわざそれを聞くのは野暮というもの。「はい」と、私は言葉少なになったのだが、ママさんがにこやかに話をつぎ、場をやわらげてくれる。

「ランの花? どこにでもある花っていう意味でしょ(笑)。うちはちっとも特徴のない店ですもんね」

ははは、と笑ったご常連は、

51年前から同じ広さ、同じ造り

「ほんまにそやな。そやのに、僕はもう三十五年来てる……」

ここは、大阪駅御堂筋口と道路一本隔てた高架下「新梅田食道街」にある、L字型八席のカウンターと小上がりひとつだけの店「おていちゃん」。ひっきりなしに頭上を通る電車の、しかしそれほど喧《やかま》しくなく押さえ気味のガタンゴトン音がBGMだ。両隣も向かいも、「いらっしゃい、いらっしゃい」とかまびすしい呼び込みのおねえさんやおにいさんが立つ飲み屋だが、この中はちょっと違う。外の喧噪が、ガラスの入った木戸で完全に遮断されている。

食道街の事務所で、一番古くからやってはる店はどこですかと尋ね、スタンドの北京さんや、おでんのたこ梅さんが古いが、みんな代がわりしてる。初代からのママが今もやってはるのは「おていちゃん」だけと聞いて、のぞいてみたその日。

「一人ですけど、よろしいですか」

と入ったあとしばらくの間、私は「浮いて」いた。なぜなら、

「あら久しぶり。○○さん」

と、ママと二人の女性が迎えるのが、常連ばかりだったから。しかも、大阪倶楽部で碁をさして来た帰りという矍鑠《かくしゃく》とした八十歳、持ち株の話をするおそらく金融関係六十代ら、ご年配の男性ばかり。みな、ビールを「はい、ママ」と向け、さしつさされつ。ぼやっと一人でちびちびやる女が珍客であろうことは、いくら鈍感な私でもわ

かる。ややして、左隣の紳士に、

「おたく、どちらさん？」

と問われ、鞄から『大阪人』のバックナンバーを取り出した私。これこれしかじか、取材を申し込もうかと思ってと言い、発せられたのが冒頭の言葉だった。

「うちの店を雑誌に？　来年の今ごろ同じようにやってるかどうかわからないけど、それでもいいのかしら」

言葉とは真反対に、とても七十いくつとは思えない、張りのあるママの声が美しい。

中之島の青春

ママは、十二月号の再生中之島公会堂特集のページをぱらぱらとめくり、

「まあ懐かしい！」

と、少女のような声をあげた。

「若いころ、中之島公会堂を借りて、よくダンスパーティーを開いたのよ。そう、社交ダンス。終戦後、それはそれはダンスがはやったのよ。ねえ」

そうだそうだと、お客さんたち。それは、今の合コンみたいな意味合いもあったんですか、と私。

「そうそう。銀杏並木の御堂筋を難波まで平気で歩いて。遠いなんて思わなかった

大阪駅東側。「新梅田食道街」は98店が並ぶストリート

わ」

　つまり、ダンスパーティーで知り合った男性と御堂筋デート？　と、無粋な質問。ママはイエスともノーとも言わず、にっこり。

「あ、大阪倶楽部も載ってる。野村銀行も、ガスビルも。懐かしいねぇ、懐かしいねぇ」

と、十二月号を回し読みのお客が言い、十一月号の空堀の町家再生の写真を見たもう一人のお客が、

「いいことやねえ、古い建物がこんなふうに使われるって」

　この間、空堀を歩いて、古い家屋が見事に息を吹き返してるのを見てきました、と私。若い建築家さんがどうの、古道具屋さんがこうの。気がつけば、私も話にお仲間入りさせてもらっていた。

　ところでママ。その中之島公会堂のダンスパーティー、どんな人たちと一緒やったんですか。

「私の職場の人とか市役所の人とか。生バンドでね〜。本町の野村ビルの上に大阪舞踏会館というのがあって、そこにも行ったし、先生に習いに行ったりもしていたわねえ」

五十年余り前を思い出したママ。思い出しついでに、古い話、少しいいですか。

「う〜ん、いいわよ」

というわけで、聞かせていただきました。

「ありがたくて、楽しくて」

ママこと松本貞子さん（七十六歳）は、父親が華中鉄道勤務だったため、一九四四年（昭和一九）まで上海に暮らし、彼の地の女学校を出て三井物産に勤めた。「父のふるさと」だった茨木に引き揚げてからは、大阪鉄道管理局に勤務し、「省線」に乗って梅田に通勤したのだが、後にその電車の高架下で店をするようになろうとは、「思いもしなかったわ」と。

新梅田食道街は、一九五〇年（昭和二五）に開設された。その前史は、GHQが四九年七月から開始したドッジ・ラインに基づく人員整理に遡る。十万人もの解雇者を出すはめになった国鉄（当時）は、離職者の救済事業をはじめた。そのひとつが、札幌、東京、名古屋など各鉄道管理局ごとに、施設関係の退職者らが出資金を出し合って設立した(株)鉄道施設厚生会。大阪の同社は、「食い倒れの町」という特質を生かして、飲み屋あり、食堂あり、喫茶店ありの食道街をはじめたのである。

ちなみに、「食堂街」でなく「食道街」なのは、「一つ屋根の下で同じことをするのが、本来の『堂』の意味。ここはいろんなものを食べさせ、飲ませる店が狭い通路に並んでいるから『道』だ」とのこと。やはり引揚者の、飲み屋「北京」の初代主人の命名だそうだ。

「父が店の権利を持っていましたので、それではと、昭和二十六年(一九五一)の七月から私が素人商売をはじめたんですよ」

とさらりと語るが、当時二十五歳。父の仕事がうまくいかなかった戦後。両親と弟三人の生活を自分が支えねばという事情があった。付近は闇市が並び、戦災孤児がたむろする。夜は真っ暗になる。「こんなところで大丈夫かしら」と不安になったが、「玄人も素人もない時代なんだから、自己流で行きましょう」。お嬢さま育ちのママは人見知りしない。その鷹揚さに、魅力を感じたお客も少なくなかったろう。

「そのころですか。湯豆腐、魚の煮物、きずし……。飲食店に勤めていた女性に手伝いに来てもらいましたが、出していたのはごく普通の家庭料理。で、ビールとお酒。今とそう変わんないですよ」

客層は、曰く「商社さんや銀行さん、阪急関係の方が多かったかしら」。軽く一杯と一人で暖簾をくぐったお客さんが、次は友人を連れて来てくれる。「ありがたくて、楽しくて」の日々。食道街には花売り娘がいて、アコーディオンやギター、バンジョーの流し、虚無僧姿で尺八吹きもやって来た。

「私の好きな歌？『上海帰りのリル』だとかね～」

芸者ワルツ、時には母のない子のように、東京の灯よいつまでも……。流しのおにいさんの歌声に合わせて、店の中で手拍子が響くこともあった。

七〇年の万博を機に、阪急梅田駅のホームが現在の阪急百貨店横のコンコースから高架北側へ移転。連絡道が整備されたそのころ、食道街のにぎわいは頂点に達した。

そんな話に傍らで耳を傾けていたご常連が、「車に運転手を待たせて、銀行の頭取や化学会社の社長も、ここへ来てはりましたな」。そう、この店のお客の多くは、そのころからの常連。同じ店が好き、という共通項でつながった常連同士が

徳利にぴったりサイズの手づくり収納

カウンターを通じたほどよい距離でのおつきあいを続けさせてもらっている、とその人は言った。

「初めてのお客が入って来ると、席が空いてても、ママが『予約で一杯で』とやんわり断ってるのを僕は何度か見ましたよ」

今やそんなことあり得ないご時世ですけどね、とママ。おっと、今だからこそ私なんかも入れてもらえたのだろうが、大衆的な食道街に位置しながら、おっとりした雰囲気を良しとする店であり続けてきた所以だろう。

酒は、富山の立山。注文が入ると、ママは「今日は熱燗？　ぬる燗？」と聞き、特注したまな板状の置き場から徳利を取り出し、湯をはった器で燗をつける。その間、徳利の温度を何度も何度も指で計り、取り上げたあと手のひらでさらにもう一度温度を確かめる。そうして、真っ白な布巾で徳利の外側に一滴の湯も残らないようにささっと拭いてからお客に出す。燗まわりに注意を払ってこそ酒だと、戦前の酒豪作家が書いていたことを思い出した私。含み味がすこぶる効いた鯛の子の煮付けとアサリの酒蒸しに舌鼓を打ちつつ、人生の大先輩たちに囲まれた夜はゆっくりと更けていった。

（2002年11月取材＝2003年5月にママが引退。改装し、従業員だった女性たちが店を続ける）

温泉に浸かった豆腐と、鉢巻した銚子と

◎天神橋筋六丁目

上《うえ》川《かわ》屋《や》

大阪市北区天神橋6-3-20　TEL06-6351-9619
4：00PM〜10：30PM　日曜定休／祝日不定休

木枯らし吹く夜は、熱燗で湯豆腐。
もうじき八十年だからこそその
うまみを味わう。

「あの湯豆腐の店」

寒い、寒い、寒い。こう寒いと、やっぱり熱燗でしょ。と言ったら、連れが「それから、おでんか湯豆腐か何か温かいもんでしょ」と言った。

「そや、確か天六にほら、何とかいう名前の湯豆腐のうまい店があったよな」

「あったあった、あの店に行こか」

「うん」

連れは、新しい仕事の相談がてら久しぶりに飲もうということになった旧知のカメラマンさんなのだが、いやだなあ「あの店」で通じてしまうなんて。まるで、何とかいう芥川賞作家が書いた何とか力みたい……と、梅田から乗ったタクシーの中でボケの上塗りをしているうちに、天六《てんろく》(天神橋筋六丁目)の交差点前に着いた。商店街の信号を越えて、ほんの少し東へ。電気のついた看板に屋号を見つけて、

「そやそや、上川屋《うえかわや》やった」

達筆の書が飾られた店頭に、こんなに上品な店構えだったかなぁと思いながら、建て付けのすこぶる良い木戸の前に立ったら、すっと自動ドアが開いた。

「いらっしゃい、どうぞ」

ガラスケースにナマ物が並んだカウンターは小ぎれいな寿司屋風だが、壁際の四人掛けの古びたテーブルが何をか言わんや。

「さすがやな」

木の年輪を数えてみたくなる。けど、きりがなさそうだからやめた。おそらく樹齢百年以上の、分厚い分厚いケヤキの一枚板。古い店で長年使い込んだものを、新装した今の店で使っているのだと、想像に難くない。上川屋は、大阪の居酒屋の先駆けと言われる店である。なぜ知っているのかと言えば、有名だから。ずいぶん前に二度来たことがある。

「酒と湯豆腐二つ」

と、そのまんま注文をした。

「どない？　このごろ」と連れ。

「相変わらずどたばた。儲かれへんのに、忙しい(笑)」

「こっちも単価下がりっぱなしやで。ここんとこ、要求高いくせにギャラの安い撮影ばっかしや」

さっそく愚痴がでたところで、

「お待ちどおさま」

と、ジーパンに白割烹着、化粧気のないところが素敵な若いおねえさんが、二合銚子と湯豆腐を持って来てくれた。何はともあれお疲れさまと、さしつさされつ。

一口つけた連れの「甘口やな」に同感で、辛口派の私はちょっと違うなと思った。だが、湯豆腐を食べると、おぼろ昆布がのっているからか、これがややしょっぱい。しかも、透明の湯の中にぷかぷかしている通常のタイプと違って、だしの中に入っていて、豆腐そのものにもほんのりだしの味がついている。だから、甘口の酒でいい具合なのだと、ものの三十秒も経たないうちに納得する。

「ははあ、なるほどな」

「やっぱし、よう考えてあるわ」

よく考えてあるのは、ひとかけのユズが浮いていることも、だ。楠本憲吉の『たべもの歳時記』に「香りを食べる」という小題があったことを思い出す。まったりとした豆腐に、ユズのふわっとした香りも食べる。

となると、愚痴話からさっそく「湯豆腐うまい」の話に移行するのだから、酒飲みとは気楽なものである。

温まるなぁ。絹ごしと木綿の中間の豆腐や。にがりで固めた昔ながらの豆腐みたい。

ふむ。この前、南禅寺の湯豆腐の超有名店を取材したときに聞いたけど、豆腐は中国へ修行に行ったお坊さんが伝えたもので、文献では平安末期に奈良春日大社の記録に出て来るのが最初なんやて。坊さんの蛋白源やもんなと差し障りないことを語り合いつつ、湯豆腐を食べ、だしをすくう。

長時間だしで炊いた名物の湯豆腐、400円

「この銚子、気に入った」

と、山と川と家が青絵で描かれた白磁の二合銚子を手にした連れ。う～ん、上川屋の屋号にちなんで、川の上に家があると示している絵かもね。銚子がピンクの「蝶ネクタイ」をしてるのも訳ありかなぁと、件の甘口酒をちびりちびり。あちらの席でおそらく六十代の男性三人グループが全員首から上を真っ赤にし、藤沢周平の小説は暗いだの、日本海気質だのと談義をしているのを小耳にはさむと、日本海といえばと、話は本題からさらに大きくそれていく。いつぞや一緒に取材に行った日本海沿いの町で食べたホタルイカ、とびきりうまかったな、とちびりちびりのおかわり。ヨコ

ワのお造りときずしと、ブリ大根くださ〜い……。

と、前振りが非常に長くなりましたが、いい店だったから、後日取材を申し込んだ次第。

酒の卸店からはじまった

「うちね、古いですよ。昭和の初めに先代がやり出した酒屋の時代からいうと八十年近くになりますすか」

上川屋の主人、上川與一さん（七十一歳）の話は、店の前史からはじまった。

「元は富山で造り酒屋をしていたんですが、親父が三つくらいのときに、ま、ちょっと逼塞《ひっそく》して、大阪へ出て来たんです」とは大正時代の話。上川さんの父親、與右衛門さんは、小さいころから北区の酒の卸屋に奉公した。「夜中にも、難波まで大八車を引いて往復」するような苛酷な労働に耐え、「えらいな。がんばりや」と、得意先から「おため（金一封）」をもらうほどの仕事ぶり。十何年間黙々と働き、奉公先から店を継いで欲しいと言われるも、ためた五百円ものおためをお礼に渡し、昭和の初めに独立。今と同じ場所で、酒の卸店「上川酒店」をはじめたのだという。

「ほら見てください、あの写真」

と、上川さんが指したのは、店の壁面に飾られたセピア色の大きな写真。煉瓦造り

四書五経を独学、書家としても玄人はだしの上川さん

の洋館風建物に、右から左へ「キリン生ビール」「サケ」「上川商店」と書かれた看板が上がり、その前に、父、母、ランニングシャツに半ズボンの五歳の上川さんら家族の肖像。そして、堂々たる自転車や大八車。数人の奉公人もいる。写っている人みなが一様に怖い顔つきなのは、カメラに魂を吸い取られてはいけないと息をのむ時代だったからかもしれない。一九三六年（昭和一一）の、記念写真なのだそうだ。

「私が物心ついたころは、大勢の人が店に出入りしてましたねぇ」

写真には、帆掛け船っぽい図形が描かれた旗も写っているが、これは片仮名の「ウ」「エ」と漢字の「川」をだまし絵のごとく書き入れたもので、目にとまった人に「あれ何やろ」と思わせるように先代が考案したもの。「サケ」の看板文字がやけに小さいのも、バスの中から見る人に「何て書いてあるのやろ」と気にとめさせるための仕掛けだという。アイデアマンだった先代は、酒の卸をしながらカウンターに籐の椅子を置き、「よかったら、味を見ていって」とビールを振る舞うことにした。それが、居酒屋形式のはじまりだ。

「親父は視力が弱く、戦争中兵役を免除されたんですが、お国に申し訳ないと自ら進んで徴用に行ったような人。戦中は、錫《すず》で特注していた店の銚子を金属供出し、配給制になったために闇で二倍や三倍の値段で酒を売れる戦後も、配給券を近くの工場の人たちに配りに行ってました」

「鉢巻」をした二合銚子

真っすぐな主人の人柄故に、「飲食店をしたらあかんとなった片山内閣のとき」にいったん店を閉めるという、曰く「貧乏くじ」もひいたとか。上川さんは、ちょうどそのころに旧制中学を繰り上げ卒業。大阪の塗料会社や東京の線香製造元に勤め、他の仕事につこうかと考えなくもなかったが、「長男の責任」を感じて割烹学校に学び、一九五八年（昭和三三）、家業にUターンした。

鉢巻は愛嬌

「そのころから時代が良うなってきましたから、おかげさんで……」

一九六九年（昭和四四）に地下鉄と阪急が相互乗り入れするまで、天神橋駅と呼ばれていた天六駅は阪急千里線と京都線の表玄関で、古くは関大前にあった遊園地に行く起点だった、と。すなわち市バスのターミナルであり、環状線天満駅との乗り換え口であり、中津方面から路面電車の阪神北大阪線も走って来ていた。水道局や交通局、本州製紙、三共製薬などの人たちが、仕事帰りに天六で一杯。天六のにぎわいが、イコール上川屋のにぎわいだったと永年の常連客が言う。

「こう言うたら何ですが、串カツやらホルモンやら、素人商売でやってる店が多かった天六で、上川屋さんはプロの味の料理を出してはったさかい、そら人気出るはずですよ」

名物のだし入り湯豆腐は、酔客の「飲むとおつゆが欲しくなるが、湯豆腐の汁を飲むわけにいかんし」の声に応えて考案された。関東煮《かんとだき》（おでん）のように豆腐を煮込むとスが入ってしまうのだが、「豆腐が温泉に浸かるように」「木綿豆腐が絹ごしのようになるまで」独特の炊き方を四、五時間。豆腐も特注なら、だしに使う煮干しも選びぬいたものと上川さんは胸を張るが、その詳細は「まあいろいろ……」とかわされてしまった。

「ええやないの、ここへ来たら何やしらんうまい湯豆腐を食べられる。それで十分やんか、な」

と常連さん。そ、そうかもしれぬ。今回は甘い取材で、ま、いいか。

「それより、ここの店の銚子が鉢巻してること、気づいてた？」

あ～ピンクの蝶ネクタイをしているのかと思っていたアレ。そういや鉢巻にも見える。聞けば、戦後は二級酒ばかりだったから印は不要だったが、高度経済成長期に一級酒の注文が増えてきた。店で、袖すりあったお客同士が「ま、一杯」と傾けあう。そのとき、相手の杯から注がれる酒が一級酒なのか二級酒なのかわかると、返杯するときに好都合だ。そんな気配りと、勘定しやすいという合理性が相まったアイデアだそうだ。特級酒は金の鉢巻。

「銚子の種類まで変えたらいやらしいけど、紐は愛嬌でっしゃろ。長いおなじみさんは、今も『赤鉢巻一本』『金鉢巻一本』と注文しはる」

と上川さん。常連さんを巻き込み、ほんわか話に花が咲く。私も今度来たときはそんなふうにしゃれて言ってみようっと。何とか力がついてきた昨今。「何とかいう紐」にならないうちに再訪しなくっちゃ。

（2002年12月取材）

今宵、わらじを履き替えますか

◎阿倍野

わらじや亭天よし

大阪市阿倍野区松崎町2-3-19　TEL06-6624-4688　5：00PM～11：00PM　日曜・祝日定休
2006年に経営者が変わり、店名「わらじや」に変更

アテも酒も雰囲気も極上、一本筋が通っていると思ったら、学生街の喫茶店がルーツだった。

庚申街道沿い

古い話で恐縮ですが、今を去ること四半世紀以上前の高三の夏休み、私は天王寺にある予備校の夏期講習に通った。高校の友達みんなが行くからという付和雷同の受講。講習がどうのといった肝心なことなど、まったく記憶にないが、一つだけ覚えていることがある。国語だか日本史だかの講師が、

「この予備校の前の道は庚申《こうしん》街道と言い、昔『庚申さん』へお参りする人たちでにぎわった」

といった余談をしたこと。なぜだか印象に残り、「庚申さんって何?」と調べたことも覚えている。

〈人間に変わって、あらゆる災いを受けてくれる猿を祭る庶民信仰〉

とか何とか。

ちなみに、庚申街道を改めて調べると、四天王寺南門前から正善院(俗称:庚申堂)

の前を過ぎ、大和川堤防まで続く道とのこと。正善院は全国の庚申さんの総本山だそうで、室町から江戸時代にかけて庚申の日など、この街道を参拝者が列をなしたという。

「あれ？　昔はここに、近鉄電車の『開かずの踏切』があったのに」

などと言いながら、近鉄阿倍野橋駅東側のコンコースからエスカレーターで上がり、南へ。ありし日の庚申街道を偲ぶには骨が折れそうな、ビルとマンションに挟まれた狭い道を歩き、ものの五分もしないうちにお目当ての店に着いた。

何を聞いても即答

西田辺の家電メーカーに勤める知人から紹介された「わらじや亭天よし」。今宵の連れは、旅行ペンクラブのお仲間四人。

「わっ、両側の直線のビルと好対照」

とKさんが言えば、Tさんも、

「お、渋そうな感じや」

と。民芸調の建物にかかる暖簾をくぐった。

「いらっしゃいませ〜」

と、和服の女性たちのはんなりした声に迎えられた店内は、L字カウンターとテーブル二卓。柱にわらじがかけられ、鳴子ごけしや御所車、南部鉄の鉄瓶、砥部焼きのお皿などが並ぶ、一見よくある民芸風の内装だ。だが、目を凝らすと、ちょっとそこらの店と違うことがわかる。〝本物〟なのである。

端から端まで通った梁が黒光りしている。テーブルの木がおそらくケヤキの一枚板。座る部分が太い藁で編まれた椅子は重厚でもありモダンでもあり。そして、隅から隅まで掃除が完璧で、相当古くからその場所を陣取っていそうなわらじにも埃一つついていない。

「ええ店知ってるなあ、井上さん」

と仲間に誉められてうれしいが、私とて今日が初めて。「生中五つ」と注文してから、やおらメニューをにらむ面々。繰り返すが、仕事柄全国各地で飲食しまくっている旅行ペンクラブの会員たちである。

「へしこは、どんな具合に出て来るの？」

「田楽の味噌は、何を使ってるの？」

「生湯葉は、どこの？」

「蕪蒸しのだしは何でとってるの？」

などと、質問がうるさいの何のって。ところが、注文を聞きに来た縦縞柄の上っ張りを羽織った女性は、

「鯖《さば》のぬか漬け、へしこはスライスで。臭みを酸味で消すためにすだちを添えてます。田楽の味噌は飛騨のを使ってますけど、それだけでは辛いので、西京味噌を混ぜています。え～と、生湯葉は、阿倍野銀座の商店街の豆腐屋さんで作ってもらったやつ。もう二十何年のおつきあいなんです。あと、蕪のだしですか。鰹だしをベースに甘鯛の骨で味付けしてます……」

と、ことなげに一気に即答。恐れ入りました。

この人がすすめるのなら間違いないだろうと、「紀州の梅の梅干しの種を取って、その代わりに栗の甘露煮を入れた揚げ物」と説明を受けた同店名物・梅干し衣揚げも注文したら、見事に正解だった。

「しかしまあ、うまいこと酒に合うもんばっかし揃えてはるなぁ」

とHさん。五人が五人とも、生中なぜかきっかり二杯ずつを終え、日本酒に移行。八海山、手取川、黒龍、久保田、菊水、天野酒……と、梅田界

庚申街道沿いにたたずむ民芸造り

隈なら千円はくだらない酒が、ここではほとんどが六〜八百円で飲めるのだ。迷ったが、「浦霞にしはったら」と件の女性の一言で決まり。

そして、出てきた東北・宮城は塩釜の酒、浦霞は、まるで蒸留酒のような口当たりの辛口。

「こら、いける」

次は手取川、その次は菊水と注文し、そのたび、

「これもいける」

「それもいける」

と連発。カウンターの中から、そんな私たちをにこやかに見守ってくれていたのが、女将さんだった。

文化的喫茶店から民芸居酒屋へ

私が言うのも何だが、女の人の年齢ってわからない。ウグイス色の着物がよく似合う女将こと岩崎ミサさんは年齢を言わない人だから、想像するしかない。う〜ん、おそらくあと二、三年で七十歳に手が届く年齢だろうと思う（間違ってたら、ごめんなさい）。

「昭和四十二年のオープンだから、まる三十五年をすぎたところなんですよ」

とにっこり。創業秘話など教えてもらおうとすると、

「元はね、昭和三十年代からこの近くで『ビアン』という三坪半の喫茶店をしていたんです」

でありました。ではそのビアンはどんな店でした？

「フランスの有名建築家、ルイ・グラジュベの愛弟子に設計してもらいましてね。壁はドンゴロスのような布で覆われ、外からは真っ暗で何も見えないのに、中からは外が見えるといった凝った造りでしたのよ」

お嫁入り支度は要らないからと、その代わりに父親に出してもらったという開業資金たるや、初任給六千円の時代にして百五十万円。

岩崎さん自身が大阪市立大を出て幾年も経っていなかったからか、集まってくるお客は学生中心。当時の阿倍野は、市大のみならず、大阪教育大、大阪女子大、大阪高校、天王寺高校などの学生が集うカルチェラタンだったのだ。

ユーゴー書店で買ってきた本をコーヒー一杯で一日中読む学生、アポロ座で観て来たフランス映画を熱く語る若者らのたまり場。店のトイレで私服に着替える天高生もいたし、若きママ、岩崎さんに、ラブレターの代筆を頼む男子学生もいたという。

「メニューは、それぞれ五十円のコーヒーと紅茶とジュースだけ。素人商売そのものだったけど、楽しかった」

「二人で写真やなんて、なんや恥ずかしいですわあ……」と女将

ズブの素人だから、喫茶店経営のプロに教えを請うた。その人が、のちの夫。数年で店は立ち退きになったため、次はやはり阿倍野で洋酒喫茶を二、三年ほど。

「そのころね、店が終わったあと、主人とよく夜遅くまで開いていたミナミの民芸風の居酒屋へ行ってたんです。もうなくなってますけど、透明のガラスが店内の人いきれで曇り、東北の漁村にあるのが似合いそうな店。本当にいい店だった。いつか私も、そういう、汽笛が聞こえて来そうな店をしたいなあと思うようになったんです」

結婚し、いったん家庭におさまったものの、「ムシが湧いてきてしまって（笑）」と岩崎さん。庚申街道に面した立地なため、「ここで、わらじを履き替え、休憩して行ってもらおう」の気持ちで「わらじや」とネーミング。飛騨高山の匠に特注した椅子は、一脚当時のお金で三万円だったというから、推して知るべしの〝本物〟だ。

「最初のうちは、ぜんまいの炊いたんやとかきんぴら牛蒡《ごぼう》やとか、田舎料理を出してたんですけど、ね」

と、口をはさんでくれたのは、旅行ペンクラブの仲間の、矢継ぎ早の質問に立て板に水のごとく答えてくれた、あの女性。三十年近くの勤続だそう。

「だんだんややこしい料理を出すようになりましたか」

と岩崎さん。料理メニューは以前の板前さんの創意工夫によるものだが、その板前さんも、店を〝卒業〟したあと絵描きになったというから、さもありなんの美的センスあり。現在の板前さんは、天ぷら専門店「天よし」を営んでいた息子の慶太さん(三十二歳)。二年ほど前に、「若いお客さんを連れて」わらじやに戻って来たのだという。菜種油でカラッと揚げた天ぷらコース十品千六百円もまたお値打ちだ。

「和食から出ないようにしています」

との慶太さんの一言に、岩崎さん、会心の微笑み。

「わらじや亭天よし」を端的に表そうとして浮かんでくる言葉は、癒し、憩い、極上、端麗、真骨頂などなど。

「ここのへしこ、本場の福井で食べるより、はるかにおいしい」

と、旅行ペンクラブの中でも福井通で知られるNさんが、ぽそっと言った。

庚申さんが人間が受ける災いをカバーしてくれるなら、この店はテンポの速い現代社会の「災い」部分を、しばし離れてスローな時間を過ごさせてくれるユートピアかもしれぬ。な～んて、今回ちょっと誉めすぎですかね？

なお、撮影の日、取材が終わった後はどの店でも長居しないと決めているカメラマン牧田さんが、この店では「すいません、もう一杯」「もう一杯」と、お尻が重たくなったことを追記させていただきます。

（2003年1月取材＝2007年春に女将が引退し、代替わり。また、慶太さんは阿倍野区松崎町3-17-4-101に天ぷら処「天よし」を開店）

◎空堀　かみなり亭

「かみなり」おやじのやんちゃ話

大阪市中央区谷町6-15-3　TEL06-6768-3549
11：30AM〜1：15PM／4：30PM〜10：00PM　日曜・祝日定休

天は二物を与えた。

うまいもの作りの芸としゃべくり芸。

マスターの、楽しい「内緒話」。

裏表ないお人柄

「遅いから、おいおい何やねんって、今、噂してたん」

取材の日、約束の時間に、十分ばかし遅れてしまった私に、ご機嫌ななめのマスターの一撃。

「すいません、すいません。ごめんなさい。申し訳ない、すいません」

思わず、アホほど詫び言葉を羅列して頭を下げると、

「ほんまにもう。噂してたん、聞こえてたん違う?」

「ええ、聞こえてました(ポリポリ)」

「やっぱし」

「自分から頼んどきやがって、遅れるとは何ごとじゃや。来よっても断ったんねんって」

「そやそや、そんなふうに怒ったろかと思てたんやけど、まあ、そこお掛け」

マスターは飲食ネタで推理小説も書いている

南伸坊のような、どこぞの芸人さんのようなずんぐり頭のマスターは、にやっと笑った。ほっ。

「仕込みしながら、話してもええかな?」

「もちろんもちろん。何作ってはんの?」

「ブリ大根」

と言いつつ、大きな鍋に砂糖をだだだっ。

「さしすせそ、言いますやろ。知ってはると思うけど、『さ』は砂糖、『し』は塩と醬油、『す』は酢。『せ』と『そ』は語呂合わせやけど、その順番に味付けするんや」

「へ~、知らなかった」

と言っても、そんなことも知らんのか、とは言わないのが、この人のやさしさだ。

続いて、塩をだだっ。醬油をだだっ。

「煮汁はだしから?」

「違う違う。水から。ブリのええだし出よるから」

「う~ん、ええ匂い。おいしそう」

「後でできあがったら味見していって。そらおいしいで、うちのは、な~んちゅうて」

と、取材前のイントロですら、マスターはハイテンション。営業時間中にお客さんと丁々発止してはる反動で、オフタイムは寡黙な人かも。そんな想像は、まったくはずれた。

「マスターようそんだけしゃべりながら仕事するなぁてお客さんにも言われるけど、しゃべってな落ち着かへん。ときどき手は止まるけど」

と、わはは。下町のやんちゃ坊主がそのまま大きくなったような。裏表がなさそうだ。

裏表がないといえば、最初に店に来たときに「よっしゃ」と膝を叩いたのは、見てのとおり、裏表がなさそうな店だとピンときたからだ。

「かみなり豆腐」つまみつつ

古い構えの八百屋や魚屋も点在する空堀《からほり》商店街の近く。「かみなり亭」は、そやそや、空堀の地名は大阪城の外堀やったことから来てるんやと思いを巡らせるにぴったりの、緩やかな下り坂をほんの少し下ったところにある。

アサヒスーパードライの幟《のぼり》とぼんぼり、そしてアロエや南天やシダが茂る植木鉢などが雑然と並んだ店頭は、「ええ格好してない」風。壁に落語家の色紙がべたべた張られているのを「おや？」とは思うが、カウンター十席（奥に座敷も）の店内も、奇をてらっていない。ところが、タコの山かけ、ささ身のピリ辛揚げ、銀鱈の味噌漬け焼

右手前が「かみなり豆腐」350円

きなどなど、大衆居酒屋より凝っているが、今風の店のようにわざとらしさがないメニューだったり、

「何しましょ」

「おすすめは？」

「かみなり豆腐」

「それ、どんなの？」

「豆腐に、タマネギやらミンチやら混ぜて、シソ巻きにした揚げ物ですわ」

と、自信たっぷりに答えてくれたり。出てきた、そのかみなり豆腐の味に、豆腐の柔らかさとミンチの味、シソの香りがあいまって、「こらいける」とうなり、その存在感からも何となくかみなり豆腐という名前がぴたっとくるなと思ったり。

そのうち、マスターから質問攻めがはじまったのは、一人客を手持ちぶさたにさせないようにとの配慮か（それとも、単に話し好きか）。

「家、この近く？」

「いいえ、千里のほうですけど」

「わざわざ？」

「いや、谷町筋のギャラリーへ来たから」

「何かやってましたん？」

「ええ、私の恩師が趣味で描いてはる水彩画の展覧会」

「恩師って、学校のときの？」

「いやいや、仕事で育ててもろた人」

「へ～？　おねえさん、何の仕事？　何か自由業？」

「いや、ま、そんなとこですけど、帰りにちょっと一杯と思って」

「そらおおきに。ところで、千里いうたら万博や。太陽の塔や。子どものとき行った？」

すっかり、あちらの会話のペース。だけども、ここでの「身元調査」はちっとも不快でない。後で、「万博」を話題にするのは、さりげなく年齢を聞くときと聞いて、あら、私が人物インタビューするときの手法と同じやわ、と。

「万博のときも、千里に住んでた？」

と聞かれ、

「いえいえ、そのころは奈良」

と答えようものなら、

「あ、私も奈良。東大寺学園。いやいや、般若寺の方の『院』。わかるかな？」

と来たので、

「少年の院？」

などと、ぬかしてみると、

「さすが、よう知ってる」

と、嘘か真かわからぬことをしゃあしゃあと。聞いていた隣席のおにいさんが笑いながら、こう言った。

「マスターはMBA持ってはるもんね」

「え？　本当に？」

と、まじに受ける私はまだまだ甘い。

「マスター・オブ・ボウリョク・アドミニストレーションよ。ははは」

と、もう一人向こうのおにいさん。

「それ、ばらしたらあかんわ。あはは」

まるで漫才である。

ところで、書き忘れるところだった、この店の味を。かみなり豆腐の他に、豆腐のステーキにとろろがのった「元気もりもり豆腐」、ゲソの天ぷら、ナスのグラタンなどを、それから取材の日は例のブリ大根もいただいたが、すべて、ひとひねりを感じる「よっしゃー」のお味。生ビールの次にグイッといった奈良・今西酒造の「白滴」という、のどごしに存在感ありの辛口吟醸酒も、「相当選び抜かはったんやろな」と想像に難くない。

隣席のおにいさんは、阿倍野の「明治屋」にも行く、その向こうのおにいさんは難波の「山三」の常連と言うから、この連載で紹介した、大阪で一、二を争う（と私は思う）味・酒とも最高レベルの居酒屋と同じ客層の模様。

マスターの貪欲が店に生きる

さてさて、マスターこと植《うえ》康幸さん（五十三歳）は、六坪から一歩を踏み出した「かみなり亭」をはじめて、今年三十年目を迎える。途中で、わけあって五年ばかり「休憩」をしたことがあるというので、それを差し引いても、かれこれ二十五年間、しゃべり続けてきたことにもなる。「名古屋で料亭をしていた親戚があり、遊びに行くと目先の変わった食べ物がいっぱい出てきた。食べ物屋をすると、毎日おいしいものを食べられると子ども心に思った」のが、飲食関係を志したきっかけ。しゃべくりの方は、中学時代に西条凡児を好きになり漫談師に憧れて、と、わかりやすい。浪速区育ち。「男の子は強く」と育てられたからか、腕っぷしの強さは天下一品だった。あだ名は、声が大きいから「かみなり」。「これは内緒やけど」と教えてくれたのは、中学時代にやんちゃぶりが爆発したこと。車の無免許運転はするわ、怪しい店には行くわ、ケンカはするわ。卒業を控え、「組」からスカウトされそうになったというエピソードもある。

そんな誘いに乗らなかったのは、「食べ物屋になる」という明確な目標があったから。高校に入ると、やんちゃをきれいさっぱり卒業。夜は飲食店でアルバイトする生活に突入した。

卒業後、飲食店に就職するも、魚の鮮度の見分け方やさばき方を勉強するために朝は中央市場で、休日は肉の勉強に精肉店でバイト。勤める飲食店も、和洋中、それも高級店からチェーンの大衆店まで転々とした。「炒めものはこの店で、煮込み料理はあの店で、と目標を定めて、できるようになったら辞めて次へ」と貪欲そのもの。出る杭は打たれる。同僚や先輩から「靴を隠される」といった「いじめ」をたびたび受けたが、いっさい手を出すことがなかったのは、すでに中学時代に、酸いも辛いも経験していたからだろう。「自分の店」目指して一直線だった。

一九七四年（昭和四九）、二十四歳で「かみなり亭」オープン。

「へへへ、マスターの身元調査させてもろた」

と言った私に、

「そやけど、それくらいのこと、三回店に来た人やったら、誰でも知ってるで」

と、某お客さん。お客さんが瓶ビールを持ち上げると、自動的にコップを持つというマスター自身が、べらべらと語るのだという。あらま、やんちゃ話は「内緒」じゃなかったの。して、やられたわい。

「何十年前に、いったん店を手放した空白の五年間はね、金融に手を出してすっからかんになったから。『フーテンの寅さん』になって、祭りを転々として、一日最高六十万円売り上げたったわ」

と、マスター。それもこれも芸の肥やし、いや、今のかみなり亭の肥やし。しかし、それにしても、楽しい宵ではないか。

（2003年2月取材）

ひとつの駅前風景

◎放出

大丸屋《だいまるや》

大阪市鶴見区放出東3-22-19　TEL06-6967-1990
3：00PM〜11：00PM　無休

ふと思いついてニューヨークに行き、
五年暮らしたというニイチャンと飲んだ。
ふと思いついて、中国山地の山あいの村から
出てきて四十年という大将の店だった。

ベタな大阪弁が似合う

「東京で暮らしてたとき、先輩ミュージシャンに、『ジブン、若いねんし、外国を見てきたら』と言われて、ふと、ですねん。ほな、行ってこう、と」

と言いながら、長い髪を後ろで束ねた三十歳のニイチャンは、ぐいっと焼酎をあおった。ひょんなことから知り合った「ロックとソウルやってる」鶴見区ネイティブ・ミュージシャン。カウンターのテーブルの上には、ゲソの塩焼き、生レバ、鶏胆の煮付け、ウドの酢味噌和え、コロッケと盛りだくさんだ。「舌にまつわり方がなんともうまい」と生レバをつまんでいた同席の知り合いが、「こいつ、ニューヨーク帰り」と言ったもんだから、「なんでニューヨークへ？」と聞いたのだった。

ハイペースで焼酎をあおるニイチャンは、食もどんどん進む。うまいな、このコロッケ、カレー味や。鶏胆、おっ、これもなかなかうまいっすよと、気持ちよい食べっ

ぷり。

「ロサンゼルス、シカゴ、ボストンと回ってニューヨークに着いたとき、『おっ、ここ、ええな。大阪に似てる』と思ったん。人間は、自然に逆ろうたらあかん、『ええな』と思たから住んだ。そんだけですわ」

人間、自然に逆ろうたらあかんやて。若いのにええこと言うわ。と、思いながら、こちらも好物のゲソの塩焼きにレモンをしぼり、普段は苦手な生レバにも箸をつける。あ、イケてる。

ニイチャンは、スラム街ブロンクスのアパートに住んだ話や、ソーホーの何千坪もの倉庫を借りて、音楽とアートを合体させた大イベントをやったら、そんなつもりではなかったのにえらく儲かったという話を、ベタな大阪弁で。私はニューヨークへは物見遊山で行っただけだけど、あの町は言うまでもなくエネルギッシュ。

「負の要素をたくさん持ってる町の熱さが好きやねん」

ほんま、ええこと言うなあ、そうやそうやと、こちらも生ビールぐいぐい。

負の要素が熱いといえば、ここへ来るとき、京橋で片町線のホームに降りたときにも、似たもの感じたなぁ。学研都市線より、影も形も無くなった片町駅に敬意を表して、片町線と呼び続けたいな、とも。

「そやね。大阪へ帰って来たら、空気汚いし、みんなイラッチやし、運転のマナー悪

カウンターはほとんど一人客。「各駅前にこんな店が一軒ずつほしい」

いし。好きやわ、やっぱ、ここも」

とニイチャンが言ったところで、

「イラッチか？」

と、隣席に座っていた、薄手ジャンパーのオッチャンがにらんだ。

「そやけど、ええやろ、この店」

オッチャン、なんか勘違いしてる。けど、

「そやね、おとうさん飲んでる黒ビールおいしそうやね」

と、ニイチャンはうまくかわす。その向こうに、満タンのコップからこぼれた酒を受ける受け皿まで満タンに酒をつぐ大将の姿。

「黒の生もあるで。あれ、一番おいしい。な、大将？　ニイチャンら、見かけん顔やけど、初めてか？」

とオッチャン。

「うん、初めて。渋い店やなあと思て、入ったん」

「そうかそうか、ワシはもう帰るけど、まあゆっくりな」

と言ったものの、それからしばらく途切れ途切れに、「すぐ近くに阿遅速雄《あぢはやお》神社という熊野詣での人が休んだ、由緒正しい神社がある」とか「城東貨物線に客車が走る計画あるねんで」とか、オッチャンの放出《はなてん》語りも。結局、その日、終電がなくなってから私たちが去るとき、そのオッチャンはまだ店にいた。

鞄一つで大阪へ出てきた大将

「大丸屋《だいまるや》」は、一九六九年（昭和四四）から、放出駅前に鎮座する居酒屋だった。「キリンビール」「松竹梅豪快」と書かれた大きな看板が、パチンコ屋や喫茶店が並ぶ駅前風景にぴったりくる。これほどぴったりくるということは、大将、生まれも育ちも放出？　とまず、振ってみる。

「ちゃうがな、ちゃうがな」

と、これまたベタベタの大阪弁。だけども、

「岡山ちゅうても鳥取に近い山奥の新庄村ちゅう村の呑《どん》百姓の倅《せがれ》ですねん」

大将こと三鴨安夫さんはおっとりと話す。「戦後、隣の美甘《みかも》村の叔父の家に養子に行って、ずっと百姓しとったんやけどね」と、続いた。

「二十五の夏、大阪で働いてた友達が帰って来て会《お》うたとき、ふと、自分も都会へ行ってみたなったんよ」

で、その翌朝早く、知人に五千円借りて鞄一つでふるさとを後にしたんや、と。それ、つまり家出？

「まあそういうことやな。はははは」

今なら車で二時間の行程も、一九六〇年（昭和三五）当時は一日仕事。バスで一時間以上かかって中国勝山駅へ出て、そこから蒸気機関車で大阪まで六時間余り。生まれて初めての大阪。人の多さに、「こりゃ、毎日祭りみたいや」と腰を抜かしたという。

大阪生まれのニイチャンが九〇年代にニューヨークに行ったときよりも、大将が六〇年代に岡山の田舎から大阪に出て来たときのギャップの方が格段に大きかっただろうな、と私は思う。

此花区千鳥橋の友達の下宿に居候して、日当四百五十円の工事現場の柱組みを半年ほど。「雨が降ると休まなならんから、他の仕事を見つけな」と思っていたところ、先に大阪に出て酒販店に勤めていた実家の弟と再会。その弟の紹介で、桃谷の居酒屋「大丸屋」に、「口を預ける」ことになったのだという。賄い付きが「なんぼありがたかったことか」と。四、五人いた住み込み従業員の一人となった。

JR 学研都市線・放出駅の真正面

「十年おったら、店もたしたる」

一日中皿洗いの日々から、やがて、おでん、魚、どて焼きなどの作り方やお客あしらいを「見て、習う」日々へ。鶴橋の市場へ仕入れに行く店の責任者について行ったのは、「田舎者が、都会の市場が珍しかったから」というが、上からは「ええ子」と映り、三年後、「お前が責任者になれ」とおやっさんの抜てき。またたく間に合計十年経過。万博の前年に暖簾分けとなった。

「正直者」の四十年

「夕方、放出駅にふらっと降りたとき、シャッターが降りてたこの店を見つけたんよ」と。上に相談すると、「そこなら、そこそこ飯食えるやろ」。かくして、開業資金七百万円を借入し、三十五歳で一本立ち。天井に葭《よしず》を張り、カウンターの端々に桜材をあしらったのは、当時の流行か。カウンター十五席とテーブル五つ。「にらみあい」で結婚したと笑う、妻の晴子さんと一緒に切り盛りがはじまった。

万博の電気工事に行って「一時間で一万円になった」と、昼すぎに帰ってきた男たちが、明るい時間帯からビールを飲み、酒を飲む。「トリスのポケットウイスキーちょうだい」と言う。近くにあった鉄鋼関係の工場の労働者たちが、仕事帰りの社交場にしてくれた。客が増えていった。

「片町線には、石炭を積んだ貨物列車が、煙をあげて走ってた。駅前は、狭いのに蒲《がも》四《よん》（蒲生四丁目）からと天満から布施へ行く近鉄バスが来ていた」

と、大将の記憶にある開業当初の風景は、仕入れに行く鶴橋市場を除けば、店の目の前ばかり。それもそのはず、昼すぎから深夜まで、年中無休の営業だったのだ。

「毎日、その日のことを考えるのが精一杯で、一週間先のことすら考えられませんでしたもんなぁ」

田舎者やから、何回も人に騙されもしましたよ、と大将。田舎の知り合いに、上阪する旅費を貸してくれと言われ、貸したらそれっきり。無銭飲食も何度か。「明日返すから、金貸して」と言われて一見《いちげん》の客に貸したら、やっぱりそれっきり。それでも、根っからの「いい人」である大将は、「悪い人はいない」と信じている（ようだ）。

そんなこんなが「ホップ」の時代なら、長男の佳明さんが店に入り、魚、おでん、どて焼きなど旧来のメニューに、フライや天ぷらなど油もの、梅クラゲやサツマ芋チップなど一工夫あるメニューが加わったのが、「ステップ」の時代。今は、「ジャンプ」の時代と言いたいところだが、「不況で全然あきまへん」と。二千円飲んでいた人が千円になり、千円飲んでいた人が七百円になり。だから、閉店をすぎていても、「どうぞどうぞ」と迎え入れてしまうと笑う。

取材の日、開店のときにガスの配管工事を担当したのが縁で、以来三十四年通っているというお客が、こう言った。

「松前寿司を食べていかな。大将の次男が、すぐ近くで『大丸寿司』いう寿司屋をやってるの。そこの松前寿司千円。ここでも食べれるし、土産にも買える。これがまたおいしい」と。

それはそれは、私もぜひ。と言ったものの、すでにお腹は満杯。土産にと思ったが、帰るころには酔っ払って買うのを忘れたことが心残りだ。

近いうちに、ニューヨーク帰りのニイチャンを誘ってまた行こうと思う。ニイチャンに、「あなたが『ふと』ニューヨークへ行ったのと同じように、大将も『ふと』思いついて大阪へ来たんが、この店のそもそものはじまりやったんやて」と言おう。負の要素、ごちゃ混ぜの好きなニイチャン、きっとこの店をめっちゃ好きになってくれるだろうと思った。


（2003年3月取材）

ビジネス街の隠れ家にホッピーあり

◎平野町　江戸幸《えどこう》

大阪市中央区平野町3-1-7 大阪屋セントラルビル1階　TEL06-6222-0857
11：30AM〜1：15PM／5：30PM〜10：00PM　土曜・日曜・祝日定休

「がぶがぶ」とやりたい季節の到来。ビールもいいが、今宵はホッピーを。
東京と大阪が交差するこの店で。

東京ホッピー体験

コトの発端は、昨秋、『大阪人』編集部のIさんから来たメールだった。「このごろ、ホッピーに凝っています。東京の飲み屋にはよくあるんですが、大阪にはあんまり……」云々。むむ？　ホッピーって何？　とネットで調べたら、「焼酎とビールの中間的ドリンク」「東京のオヤジたちの間ではやっている。安い」とか。

冬場は、お湯割りさえあれば幸せな私でしたが、いよいよ「がぶがぶ」の季節がやってきて、そやつが気になり出した。で、先日上京した折に、東京の知人三人を誘い、行ってみた。Iさんに教えてもらった浅草の「ホッピー通り」とやらへ。「鐵屋《くろがねや》」という店に入った。

三人は、長いおつきあいの出版関係者で、二十代女、三十代男、五十代男という構成だが、ホッピーに比較的明るかったのは、なぜか二十代女のみ。一番知ってそうな五十代男は、「新宿の飲み屋で昔飲んだことがあったっけ」程度だったから、平たく言えば「流行って何なの」かもしれないが。

「オヤジさん、ホッピーちょうだい」

との発言に、東京じゃ「大将」と言わずに「オヤジさん」と言うのかと、妙なことに気をとられつつ。出てきたのは、空のジョッキと氷、焼酎のボトル、それから「HOPPY」と書いた、スタイニーのような形をした小ボトル。自分でジョッキに入れるのだった。五百円。安い！　けど、どうやって飲むの？

「最初に焼酎を入れて、それからホッピーを入れて、箸で混ぜてくださいよ」

オヤジさんの説明に従い、箸をぐるぐる回すと、泡も立つ。なるほど、ビールっぽい液体ができあがった。カンパイッ。おやっ、ビールのようでビールでない、ジュースのようでジュースでない……ベンベン……妙な味だ。ちと甘いのは、麦でも芋でもゴマでもない（つまり、甲類）焼酎のせいか。好き嫌いはあろうが、私は結構気に入った。

「プリン体ゼロって書いてる。体にいいんだよね。ここんとこ、こじゃれたバーでもはやってるのよ」

と、二十代女。

「意外と、いけるっすね」

と、がぶがぶやった三十代男は、さっそくおかわりしながら、

「ホッピーって、つまり単体はノンアルコールドリンクなわけですよね」

「そうそう。ソーダみたいな、ね。でも、こうやって飲むから、ホッピーなわけよ」

とオヤジさん。

「いつから置いてるの？」

「ずうっと昔から。ビールが手に入らなかった戦後、ビールらしい飲み物ってんで、みんな、飲んでたらしいよ。不況になってまた勢いを取り戻したんじゃないの？　ホッピーでハッピーなんちゃって（笑）……」

と、陽気なオヤジさんだった。ホッピーは、下町の安飲み屋で飲み継がれてきたが、ここ数年静かなブームとなり、最近では若い人の間で「しゃれたドリンク」として人気らしい。この店は、もちろん前者。

ハッピーのつもりが、綴りを間違えて、ホッピーになっちゃったんじゃないの。あり得るあり得る。それって大阪っぽいね。どこがやねん。で、大阪にはないの？　何軒かはあるらしいけど、東京ほどポピュラーやないみたい……てな話をしていると、オヤジさん、「私も大阪生まれなんですよ。美章園ってとこ。私が生まれたころ、親父がなんか仕事に失敗して東京に逃げてきたらしいの」としゃべるしゃべる……と、話が完全に横道にそれてしまったが、今回紹介するのは、そんなこんなのホッピーを大阪で飲める店。

大阪ホッピーの草分け

御堂筋から平野町の通りを東へ。ビジネス街といえども、二階建て、三階建ての建物もあるから、空が結構広い。その空がオレンジ色に染まる時刻に歩き、大阪屋セントラルビルに着いて通路を通ると、あと三軒の小店からも、「乾杯」などと唱和する声が聞こえてきて、すっかり「夜も深まってます」モード。奥から二番目、「江戸幸《えどこう》」の暖簾をくぐった。

「いらっしゃいませ」

大将と奥さん、二人してハモった声に迎えられたこの店は、カウンターとテーブル合わせて十数席。おっ、いい店やんと、連れと目配せしたのは、カウンター上のガラスケースの中に、活きの良さそうな魚介類が並んでいたからであり、先客たちが皆、極めて満足げに杯を重ねていたからであり。

さてさて、

「ホッピーください」

ここでは、ホッピーのボトルと共に、ギンギンに冷やしたジョッキに焼酎がすでに入れられて出てきた。先日の浅草体験より、うんと高級感がある。

「いろんな飲み方があるんですわ」

カウンター10席、テーブル6席。よくはやっている

とのことで、ここでも焼酎は甲類使用(三重県の『宮』という銘柄でした)だが、その量は一一〇ミリリットル。これにホッピーを加えると、アルコール度約七パーセントになるとかで、すなわちビールよりきつい。ふふふ。口あたりも、めちゃめちゃよろしい。しかも安い。

「大将、いつから置いてはるん?」

「十六年前から。このごろ他にも置いてるトコがあるみたいやけど、大阪ではうちが一番古いはずですわ」

「へえ~。店の名前からして、大将、もとは江戸の人?」

「なんでぇ。ばりばりの大阪。江戸堀の出ぇやから江戸幸」

「そうなんや。で、なんでホッピー、置かはったん?」

「うち、転勤族のお客さんも多おまっしゃろ。『東京にはこんなんあるけど、いっぺん調べてみ』言うて、教えてもろたんですわ。ほんなら、これ、結構イケまんねんわ」

と、バリバリの大阪弁のこの大将も、おしゃべり好きのよう。大阪の酒問屋が取扱っていなかったそのころ、東京は浅草のホッピー通りの一軒へ見学に行き、ホッピーの空瓶をもらって帰ってきて、酒問屋に「この焼酎のメーカーを探してくれ」と頼んだのがはじまりだったとか。

「安くサラリーマンの方に提供できて、よそにないものを揃えて店の特徴を出していかな、思てましたし。モルトとホップをビール酵母で発酵させたもんやから、爽快感ありますし」

初めのうちは、ぽつりぽつりとしか出なかったのが、ホームページに載せたためか、ここ二年ほど「注文がバタバタと増えてきたんですわ」と、ありし日の小染さんを彷彿する笑顔でにっこり。

江戸堀からの店名

大将はそんなふうに、かなり饒舌にこちらの相手をしながらも、ずっと手を動かしっぱなし。次から次から入るお客の注文に応じて、魚のすり身を蒸して手作りしているという薩摩揚げを油で揚げ、カキやホタテや豚ベーコンや豚トロを串刺しにして遠赤外線ロースターでふっくらと焼いている。手も口も、休みなし。

「ちょくちょく来るんは、ホッピー飲みたいし、おいしいもの食べたいしで。なんでもおいしいよ、この店は」

とは、隣席の、関西弁イントネーションを無理に混ぜたような東京弁、おそらく五十代氏。

で、おいしそうなものずらりのガラスケースの端っこに、「小名浜」という文字の透明シールがかすかに見えるサンマ発見。

「もしかして、小名浜のあのすっごいおいしいサンマ？」

「そう、マスターがネットで探して、取り寄せしてるんですわ。めっちゃ、おいしいですよ。食べてみはります？」

と、今度は奥さん。美人だから、口数少ないのかと思っていたら（偏見！）、どうやら、話の出番を待っていただけのよう。大将同様、実はおしゃべりだったみたい。てへへ。一か月ほど前、福島県いわき市小名浜へ出張した私が、地元の人に「絶対に買って帰って」と推されて土産に買って来たのと同じ。とれたてのサンマを酒精に一昼夜漬け込んだものとかで、これが、我が家の台所で焼いて激ウマだったのだから、プロが遠赤外線で焼こうものなら。もうたまりません……。

夫婦ともとびきり明るい大阪人

サンマの笹干し600円。絶品

もぐもぐ食べて、がぶがぶ飲む幸せを提供してくれる大将こと山口博敬さん（四十九歳）は、西区江戸堀の生まれ育ちで、土佐堀通りの料亭「山口」の現主人と従兄弟同士という。戦後、復員して来た父親が、すでに料亭山口を開いていた兄の元で修業した後、一九五二年（昭和二七）、江戸堀に開いたという食堂「江戸幸」の次男坊。エアポートホテルでコック修業を経て、後に和食に転向したという経歴の持ち主だった。一九八三年、三十歳そこそこで、「無謀にも」独立。二十年が経った。

ちなみに、大将は、落研に入っていた高校時代、西川きよし司会時代の人気テレビ番組「素人名人会」に出た経験あり。「鐘三つ」でなかったら、「もう絶対プロを目指していたはず」とのこと。今も大の落語ファンで、笑福亭松鶴一門の落語会も主宰している。店にも、落語家さんたちがよく来るそうで、鶴の絵と「鶴は千年　江戸幸まだまだやりまん年」と書いた笑福亭松喬師匠の色紙がさりげなくかかっているところなど、渋いなあ。古典落語に通じるからだろうか。店内に、一九二四年（大正一三）発行の「大大阪市パノラマ地図」がかかっている。

御堂筋がまだ描かれていないその地図を見ていると、「平野町は、京都の今の北区、平野神社の近くから、こっちへ移ってきた人が多いから付いた地名やで。伏見町は京都の伏見、淡路町は淡路島……」と、誰に言うともなくぼそぼそと語るお客もいた。

さりげなく、がいいなあ。大将もお客もホッピーも。大阪でも、この店から密かに密かにホッピーファンが増えていきそうな気配大。

（2003年4月取材）

◎曾根崎　たこ茶屋

大将、タコにはまる

大阪市北区曾根崎2-10-20（2004年、北区曾根崎新地1-11-19　北新地スタービル6Fへ移転。TEL06-6341-6300）　5：00PM〜12：00PM　日曜定休

大酒飲みの豪快な大将は、
ぐにゅぐにゅタコを研究して二十年。
酒の飲みごろにも一家言。

成仏させてあげて

人間というのは、ほんまに残酷なものや、と思った。

お皿の上で、切り身になってまでぐにょぐにょと動きまくっている「タコのおどり」。一切れはお皿の外、テーブルの上まで飛び出して、まだ動いている。もう一切れは、吸盤がシソにくっついて、シソごとぐにょぐにょ。す、す、す、すごい。生への執念。「ミミズみたいでしょ」と大将。まさに。断末魔の叫びが聞こえてきそうで、はっきり言って気持ち悪い。「うわっ、うわっ」と声をあげずにはいられない。

「成仏させてあげてくださいや」

と言われ、おそるおそるつけた箸にもタコがまとわりついて、ぐにょぐにょ。ごめんねごめんね、と言いながら、それを、えいやっと口に入れる。

と、口の中でもぐにょぐにょ。思い切って噛む。ぐにゅっ。どういったらいいのだろう。この食感。少し甘くて、淡白で。何度も何度も噛んで、そうしてようやく噛み

「大将、タコに似てきた」と口の悪い客に言われる

切った。うまい。「究極のグルメ」という言葉が頭に浮かぶ。

残酷な人間のワタクシの手元には、大将おすすめの「空《くう》」という、奥三河の純米吟醸酒。香りがよくてすっきりしていて、それでいて強い飲み口。ちびりちびり。また、おどりのタコをつまみ、ちびりちびり。

ここは、お初天神商店街と新御堂筋に挟まれ、飲食店がひしめく曾根崎二丁目にある「たこ茶屋」。

その二日前、私は、お初天神脇で食品卸し店を営む叔父夫婦に、得意先だというこの店に連れて来てもらい、奥の座敷で、ビールをついだりつがれたり、「おあがり、おあがり」と、薄造りやタコぶつやタコの釜飯や、それからたらの芽の天ぷらや加茂茄子の田楽やらをひとしきりいただいた。

「ここ、私の娘時代から、今の新御堂のところで『車茶屋』という名前でやってはった店やの。新御堂ができるんで立ち退きになって、しばらくは前の北区役所の方に行ってはったけど、二十年ほど前ににいちゃんの代になって、こっちへ戻って来はったんよ」

と、教えてくれた義叔母は、五年前まで五十五年間お初天神脇の住民だった人。

その義叔母から、「昔はこのへんも普通の家や旅館が多かったのよ。昭和二十年代の曾根崎小学校は、一学年五クラス。(二十七歳の)娘のときはわずか一クラス、今は、堂島小学校、梅田東小学校と統合した大阪北小学校が全校四十人ほどらしいけどね」といった話が出るわ。芋焼酎のグラス片手にご機嫌の叔父からは、「そういや、昭和三十七年に千里山の大学を受けに来たとき、まだビジネスホテルなんてなかったから、このへんの旅館に泊まったなぁ」といった話が出るわ。

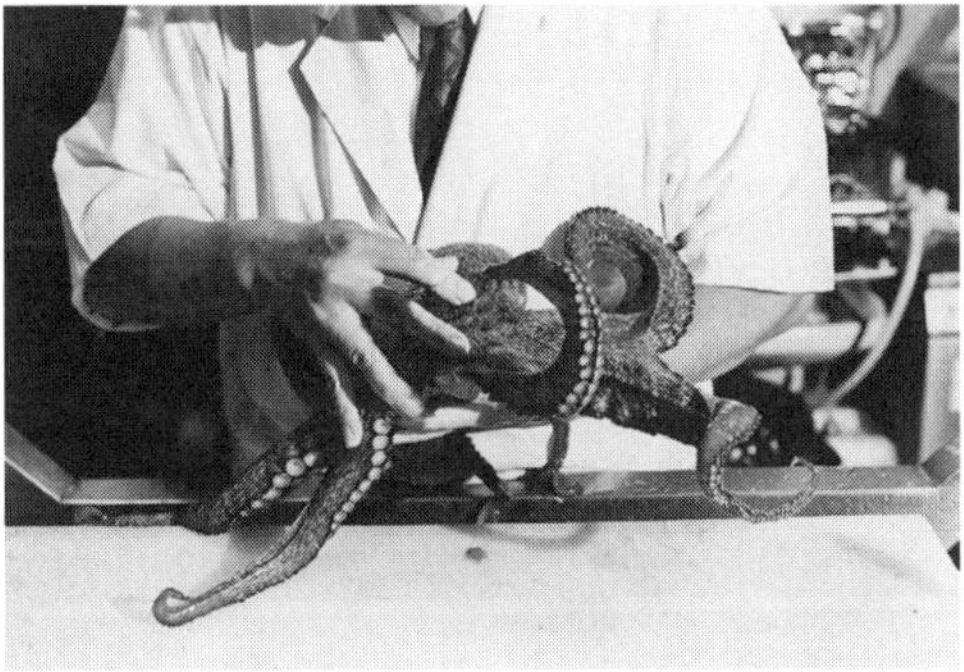

まな板の上でタコは踊る

「『茶屋』というくらいやから、古い店かもしれへんよ。一回聞いてみ」となり、それに、何といってもタコ料理などなどがあまりにうまかったから、取材を申し込んだのだった。そうして、大小のタコがへばりつく水槽を横目に、カウンターで大将の話を聞きつつ、今度はタコのおどりを食べ、「空」を飲んでいたのだった。

タコを語ると長い

いやあ、うまい。残酷やけど、うまい。こんなにうまいタコを食べたの初めて。この「空」というお酒も初めて。と言った私に、大将こと箱部聰さん（四十九歳）はにやっとした。

「私にタコのことをしゃべらしたら長いで。酒のことを語らしても延々やで」

聞きたい。まず、タコから。今いただいたの、なんていう種類のタコ？

「手長ダコ。おどりにするんは、季節季節で変わるけど、夏までは手長。冬場のイイダコはもっとうまい」

へえ～。明石のタコ？

「そうそう、明石の漁協で買うてくる」

やっぱし明石のが上質？　と聞けば、

「平安時代の『縁起』に、京への貢ぎ物に明石のタコの記載もあるほどやから。タコは雨と地形ね。明石沖から姫路沖にかけて、砂や石が隆起した『鹿の瀬』いうとこがあって、タコが食べるエビ、カニ、貝、小魚が豊富やし、雨が降って一級河川から注ぐ水の関係もあって、やっぱり明石やね。産卵期は……」

といったタコの歴史、生態の話。世界中に二百五十種類ほどあり、そのうち食べられるのは三、四十種類ほどだとか、日本では縄文時代から食べられていたとか、そのころは干しダコを食べていたはずだとか。そして、

「タコの体は八四パーセントが水分で、残りがタンパク質など栄養。タウリンが豊富なので、生きているタコは湯がいたらあかん。成分を残そうと思うと油で素揚げする

ことや。それが証拠に、湯がいたらお湯が濁ってうま味が出てしまうけど、素揚げしたら油は汚れへん……」

といった、「生きたタコ」にこだわった料理法の話まで、エンドレス。阪大の薬学の権威もお客さんだそうで、その人に、独自の論を話すと、「裏づけとってみる。論文書いてみる」ということになっているそうだ。つまり、学者先生のお墨付き。

いやはや、大将、あなたは在野のタコ博士。

「お客さんにタコの質問されて、理論的に説明できなかったら恥ずかしいですやん。中之島図書館で学術書調べたり、無数のタコをつぶしたりしてるうちにわかってきたんですわ」

負けず嫌いやから。自分はちゃんとした親方についてないから、この世界で認められようと思うと、自分でやるしかないから、と。

すでに認められた存在であることは、その日、月曜日だったにもかかわらず、カウンター八席、座敷十二席の店が満席状態であったことでも、ＮＨＫの料理関係の番組からしょっちゅう声がかかることでも証明できる！

陸運局の「車茶屋」から

ところで、大将が二代目と聞きましたが。

「そうそう、もとは、お袋がやってた『車茶屋』。親父が大酒飲みやったから、店をしようということになったらしいんですわ」

って、どういうこと？

「親父は警察官やったんですが、給料だけでは親父の酒代が出んと。酒代を稼ぐために、昭和三十四年か五年、大阪城の横に陸運局ができたときに、その中で、お袋が食堂・喫茶をやりはじめた。そやから、もともと『車茶屋』いう名前やったんです」

なるほど。陸運局の車茶屋か。なんとも、お幸せなお父さまだこと。陸運局はその後大阪城の横へ移転。再度郊外へ移転することになったので、一九六五年（昭和四〇）に曾根崎へ移って来て、母親がおでん屋を開始。豊中は庄内に住んでいたが、大将は「店へはしょっちゅう来てた」とのことで、いわば曾根崎育ち。仕込み時間に卵の殻を剝いたり、辛子を練ったり。営業時間になると界隈をぶらぶら。自ずと「早熟」となり、高校時代から父親と飲みに行くこともたびたび。「大酒飲み」はあっという間に息子に遺伝。「高校卒業するときに、二人で一晩に七升半空けた」というからすごい。

父親に大学は出ておけと言われ、近大に入学。同時に、寿司屋で働きはじめ、大学は「ほとんど授業に出ずに、教授に中元・歳暮攻めで卒業した」と、如才ない。在学中に調理師免許も取得。「かっこよさそう」と、フランス料理店で修業し、大学卒業後パリへ。彼の地のとある店の厨房に入ったが、「一日で辞めた」のは、「牛乳、チーズだけでも何種類もあるという食材の差にびっくり。これだけ日本と差があったら、無理や」と直感したから。その後、「一か月で二百万円使って、パリを豪遊」したことが、今の仕事に役立っているという。

当時の先駆けだったヌーベル・キュイジーヌの店を食べ歩いて得た「従来の決まりにとらわれない、食材使いや盛り付けの自由な発想」。それに、「大阪やもん、究極のタコ焼きに挑戦してやろう」の気持ちで、「車茶屋」から「たこ茶屋」へ。タコも粉も研究しまくり、うま味の詰まったタコ焼きを創案。おどりや薄造り、炭焼きのほか、赤の玉味噌にタコの子とマスカルポーネチーズを入れた賀茂茄子の田楽、ふんわりとだしの味が染みた真ダコの白子とタコの子煮、ゼラチンで固めたタコ墨のゴマ豆腐など、次々とタコを使った料理を考案してきたのだ。

撮影の日、こちらも大酒飲みのカメラマン牧田さんが、「ここのは、タコ焼きすら見事に酒に合う」と言ったら、大将が満面の笑みを浮かべた。そうそう、「酒を語らしたら延々」を、そろそろお願いしたいが、店は混みすぎ、大将は忙しすぎ。で、遠慮しながら、ちょこっとだけと思いきや、

「あのねえ。よく皆さん、辛口を辛口をと言わはるでしょ。あれ、言うたらあかんて言うの」

へえ～？

「酒は、一口目に甘味を感じるもんなん。甘い、辛い、酸っぱい……といった五味のバランスが整った、飲みごろが大事。うちでは、ものによっては半年、一年と寝かせて、瓶内熟成させてからでないと、お客さんに出さへん」

と、酒蔵巡りしてタンクに着目する話や、「酒匠」の資格は目安にはなるけど「ちょっと違う」といった話もどんどん飛び出すではないか。鮮やかな、ぐにゅぐにゅタコの包丁さばきを見ながらのうんちく話。もっともっととねだりたくなってしまう夜だった。

（2003年5月取材）

六十九歳のママは活字好き

◎堂山町 川《かわ》上《かみ》

大阪市北区堂山町8-23　TEL06-6314-2820
5：00PM～11：00PM　日曜・祝日定休

女の細腕、というのと
ちょっと違うが、
太腕でもないインテリママ。

「前にも来てくれはりました？」

バナナホールができたときは、画期的だったなあ。「遊びをせんとや生まれけん」と、梁塵秘抄を和楽器で歌う人のコンサートに行ったのが最初だったか。いや、オープン前の記者会見に行き、今はなき阪急ファイブのオレンジルームより多彩や、と思ったっけ。

などと思いながら、堂山町界隈を一人で通りがかったのは、小雨しょぼふる六月のある日の夜の九時半すぎ。「お義理モード」で出席した、東通りのにぎやかでしゃれた店での飲み会が終わった後だった。

疲れたので二次会はパスしたものの、まっすぐ帰宅するには中途半端な気分。ショットバーかどこかでちょっと一杯だけやって帰ろうと思っていたところ、バナナホールのすぐ東側の露地に、「あ、昔、来たことある」という店の看板を見つけた。ミナミ周防町のカステラ屋さんに「友達の店」と紹介してもらったような、同業の女友達

長年の相棒みこちゃん（左）と川上弘子ママ

と来たような。そういえば、『月刊SEMBA』で取材に来たような気もしないでもないが、おおよそ十五、六年前のことで、すべて不確か。

と、最近年のせいか、話がどうも古臭くなっていけません。何にせよ、見たことのある看板を見つけ、ちょっとのぞいてみよう、と。「川上」の黄土色の暖簾をくぐった。

「いらっしゃいませ」

十席ほどの「く」の字カウンターの中に、失礼だがお世辞にも若いとは言い難い女性二人。数人おられた常連のお客との語りを中断して、二人の女性が、もの静かに迎えてくれた。

カウンターに十個ほどの大鉢が並び、かぼちゃ煮やわかめ、エンドウ豆の含め煮などがずらり。この日は時間が時間だけに、すでにお鉢の底が見えているものも何品か。

エビスビールを注文したら、ぴかぴかに光ったグラスが出てきて、ころ加減に、比較的若手の女性が「どうぞ」とついでくれる。つきだしは、スルメイカの一夜干しのアレンジ版で、お酢の味が少々。

「下町酒場伝」の仕事をはじめてから、ちょっと一杯と、下見がてら一人で酒場に行くことが多くなった。つい聞き耳を立てるクセがついてしまった私。聞こえてきた断片は、「小津安二郎」「忍ぶ糸」「上野」「映画フェスティバル」。つなぎ合わせると、伊賀上野が舞台となった映画に「忍ぶ糸」。ヒロインの娘の恋人か誰かが、電車に乗って去って行くシーンが印象的だ。伊賀上野といえば、小津が少年期を過ごした松阪にほど近い町。それにちなんで三重で映画フェスティバルが開かれる。ママも、その記念誌に一文を寄せている。というような輪郭。ふ〜ん。そういえば、ここのママは、三重県名張出身だと、ずうっと前に聞いた記憶がかすかに蘇る。

「前にも来てくれはりました？」

常連との話にひと段落したママが、カウンター越しに、私の前に立った。

「ええ、ず〜っと前。一回か二回だけですけど」

「どなたとご一緒に？」

「忘れました（笑）」

うちは一見《いちげん》のお客さんは少ないのだが、と言わずもがなの空気あり。私にとっては、どっちでもいい。家路に着く前に、ちょっと一息つきたかっただけだから。初めのうちは、どうぞ構わないでくださいの気持ちだったのだが、

「うち、こんなん、出してますねん」

と、ママから「どんぶらこ」という小冊子を手渡されると、取材の血が（？）騒ぎはじめるというもの。

小冊子「どんぶらこ」は、B5判。ワープロ打ち二十ページをコピーしてホッチキ

ス止めした、昔ながらの手作りスタイルで、旅行記あり、マラソン大会出場記録や海外赴任を振り返った雑記あり、はたまたさきほど小耳にはさんだ小津安映画の案内や、市町村合併に寄せる思いを書いた一文など、ごった煮の内容だった。お客さんの投稿だろう。

「五十号て書いてますけど、いつごろから作ってはりますの？」

と聞いた私に、ママは我が意を得たりの表情に。カウンターから外へ出てきて、「私もちょっと一杯」と、生ビールを相棒に注文。隣席にいらっしゃった。

アナログ情報「どんぶらこ」

「川上から桃が流れて、どんぶらこ。桃を開けると、情報詰まってて、どんぶらこ。そんなふうに思ってますの」

ええ。ネットからのたくさんの情報もいいけど、ややこしいのも混じってますもんね。こういう、顔の見えるアナログな情報の方が、「なるほどな」やったり。

エビスビールから、店のオリジナル酒だという、香りのいい純米吟醸に切り変え、厚揚げのしょうが焼きに箸をつけると、私にも元気が戻ってきた。

「そうそう、そやから、ほら、これは知ってはる？　具体美術の元永定正先生。『先生の絵、使わせてもらえません？　原稿料払えないんですが』とお願いしたら、いいよと言ってくれはって。毎回、表紙に使わせてもらっているの」

という説明で、次にママが見せてくれたのは、これまた「どんぶらこ」のタイトルがついた、こちらはA6判五十ページ余りのミニコミ誌。先の「どんぶらこ」を〝正装〟させたような内容だ。「ふるさと雑誌――伊賀・名張」とキャッチフレーズ。伊賀上野と名張の書店で販売しているのだそうだ。

私は、プリンプリンとした厚揚げを、生姜と醤油でいただきながら、原稿集めの苦労や、編集の手間の話を続けるママの言葉に耳を傾ける。こちらも、ある意味、同業。わかりすぎるほどわかります。はい。

それにしても、店を切り盛りする傍ら、なんでまた？　と聞いてみる。

「実家が真言宗で、私が生まれた一九三四年は、弘法大師没後千百年にあたる年やったことにちなんで、父は私に弘子という名前をつけたらしいんです。少しは弘法大師さんにあやかって、人の役に立ちたいと。なんや知らん、好きなんでしょうね、あれもこれもと首をつっこむのが」

いわしのみりん干しを頼み、再びエビスビールに戻って小一時間過ごし、帰るときには、ママからさらに、手弁当で復刊させたという田山花袋の『名張少女《おとめ》』という文庫サイズの本と、名張国民学校五年生つまりママのクラスメートが、玉音放送を聞いた後、書いた作文をまとめたという単行本『神國日本は敗けました。』をもらっていた。良く言えば元気をもらい、悪く言えばすっかりママのペースにハメられていたのであった。

キャリアウーマンの走り

ママこと川上弘子さん（六十九歳）は、キャリアウーマンの走りだった。名張で生まれ、父親の仕事の関係で、幼稚園から戦争が激しくなる小学校四年生まで東成区今里で暮らし、名張にUターン。一九五四年（昭和二九）、大阪女子大に入学するため再び上阪。大学時代は下宿で仲良しの女友達二人と、一升瓶を真ん中に据えて、天下国家や文学を論じたというから、恐れいります。

三回生で中退し、就職したのが、ユニバーサル・プレス・サービスという海外広告専門の広告代理店。薬品、糸へん、機械工業の景気が良く、輸出へと向かっていたそのころ、「企業回りをして、海外のメディアに広告を出すよう営業する仕事」についた。「伊丹の飛行場が木造建てだったとき」に、単身ホンコンへ出張。通訳なしで、現地の新聞社の人たちと得意先の広告枠のことなどをかけあった。東京に転勤し、出版貿易部の責任者として、二年半を過ごしたこともあるそうだ。

「でもね、広告代理店にいるときに、思ったんです。働いても働いても、女はないがしろにされる、と。昇進するのも、給料が上がるのも男。得意先から信用されるのも、まず男。がんばってもがんばっても、女は報われない……」

ね、今でも状況変わらんでしょと同意を求められ、私は返答につまったが。もとよりのお酒好き。大阪でも東京でもよく飲みに行っていたこともあって、「女がないがしろにされない」職業の水商売をしてみようと。往時、父親が名張で見番《けんばん》、今里で置屋をやっていたことから、水商売の酸いも辛いも、多少は知っているつもり。「七人兄弟。姉たちがみんな堅い職業の人に嫁いだので、自分一人くらい水商売を継いでもいいのでは」の気持ちもあったらしい。

思い立ったら、即行動。知り合いの店で「チーママ」を三年間経験した後、「名張の友達に裏判ついてもらって」銀行からお金を借り、一国一城の主となった。それが一九七三年（昭和四八）のことだから、それからちょうど三十年。もしかすると、お色気を売らないママの、大阪での第一号かも、と常連さん。店の壁面に、牧水の「酒の歌」の書がかかり、書棚からこぼれ落ちそうに大阪をテーマにした本などがずらり。

後日、再び店に行ったとき、こんなことがあった。

（おそらく）上司たちに連れられ飲みに来ていた若い女性が、話の流れの中で、「私も新地の店に行きた～い」と、かわいい声を出した。すると、川上ママが突如怒った。

「あのねえ。店に来ていて、他の店の話をするのはルール違反。どこの店に対しても失礼というもんよ。きついかもしれへんけど、教えといたげよ。男の人かて、彼女の前で他の彼女の話はせえへんでしょ。よう覚えときなさい」

一瞬、店の空気が固まった。しかし、その直後の「年をとったら、怒りっぽくなっていかんわ。カルシウムが足らんのかな」というママの一言で、途端に、元どおりの空気に戻った。

その日、川上の帰り、露地を東通り方面へ歩く。ついこの前まで、小さな店が縦横無尽に並んでいた堂山町なのに、ぽつりぽつりと更地ができ、すき間だらけの町に変わっていたことが、妙に寂しく思えた。


（2003年6月取材）

おっちゃんと「午後酒」

◎都島　酒の大丸《だいまる》

大阪市都島区都島本通3-25-7　TEL06-6923-1397
3：00PM〜11：00PM　無休（正月のみ休み）

みんな焼酎をボトルキープ。
自分を「おっちゃん」と呼ぶ、
物知りのおっちゃんと仲良くなった。

早い、安い、活気ある

ベランダに洗濯物がひるがえる集合住宅の一階店舗部分。店頭に山盛りのビニールかばんが掛けられた雑貨屋と、段ボール箱が無造作に置かれた電気店にはさまれた、やけに大きな薄茶色の暖簾の色褪せ加減がいいなあ。暖簾の上には、やはり色褪せたアサヒビールのちょうちんが等間隔に並んでいる。

ここは、都島本通りの交差点にほど近い「酒の大丸《だいまる》」。「大衆酒場の条件を全て満たした店」と、メル友に聞いてやって来た。

暖簾の前に立つと、意外にもすくっと自動ドアが開き、

「○△◇×しゃ〜」

よく聞き取れない、どでかい声が二重に三重に飛んできて、

「(こ) ちら〜(どう) ぞ〜」

と、シンメトリーな「コ」の字のカウンターへ案内された。まだ三時半だというの

「高度経済成長期」で止まった外観

に、右も左も正面も、おっちゃんたちがずらり。それぞれに、「わしのボトル」という感じの一升瓶を前に、だれ〜としている。

「生中」

　と注文したら、再び、

「(は)い〜、(ナマ)チューワン」

　威勢よい声が飛び交い、三十秒後(?)に、

「(お待)ち〜」

　と、生中が運ばれてきた。いいねえ、このスピード。この威勢。

　カウンターの上の大鉢に山と積まれた煮物、酢の物や、ガラスケースの中のナマ物に目移りしながら、壁の、山盛りの黄色い短冊メニューから、カズノコとホウレン草のお浸しを注文。カバンから、都島図書館で借りてきた『みやこじま今昔写真集』を

取り出し、お気に入りの一人酒態勢に入った私。

京橋駅や都島本通、桜宮パークシティなどの新しい写真のページがあって、続いて淀川風景の多い江戸時代の絵図。近代に入ると、「淀川洪水で破壊寸前の安治川橋(明治18年7月)」、「明治43年1月に竣工した毛馬閘門」、「竣工した旧都島橋(大正12年)」……と。この町と淀川、大川との関係は密接なんだなぁと思いつつ、ビールをゴクゴクゴク。ホウレン草のお浸しをつまみ、カズノコをパクリ。あ、塩辛いタイプだわと、ビールをゴクリ。戦後のページを繰り、「市電廃止記念のおなごり乗車(都島車庫・昭和44年3月)」の人出の多さに、「へえ〜」とひとりごつ。

この店ができたのは市電から地下鉄にバトンタッチとなったころかもという直感が見事適中したとわかったのは、一人酒態勢に飽きて隣のおっちゃんに出した、ちょっかいから。

物知りのおっちゃん

あの〜。だいぶん長い常連さんですん?

「ふむ?(なんでわしに話しかけるん? という表情)おっちゃんか? そうや〜、けど、なんか(用事か)?」

いや、これ、市電があったときの写真なもんで、この店も古いんかなぁと思って。

「ねえちゃんも飲みや……あはははは」

「そや。おっちゃんは、ここ来だして三十年くらいか。なあ、社長（とカウンターの中の大将に）」

「うち、昭和四十四年からやろ。ハヤシさん、当時からやもんな」

と社長。そういうことだった。

「どんだけ、この店に金払てきたか。わはは。なあ。あのころは、そら、市電もいっぱい走っとったよ。どれどれ（と写真集をのぞき込む）」

と、そのとき、足下を黒い物体が超スピードで駆け抜けたが、誰も驚かない。気にもしない。

「あ、この写真見てみぃ。ほれ、昔の区役所。おっちゃん、知ってるわ。ここやねんで」

ここって？

「ここやねん、この店のあるとこ、あんたとおっちゃんが今おるとこ」

（このハヤシさんたら、やたら自分のことを「おっちゃん」と呼ぶの、ええ感じやわ）。

へ〜、区役所の跡地なん？　ここ。

「そやそや、昭和四十一年までな。おっちゃん、なんでも知ってるで。教《おせ》せたろか」

教えて教えて。（ぱらぱらと二人で写真集をめくる）。

「あ、これ、付け替え工事中の都島橋や。いや、懐かしいなあ。戦後、市内で初めて造った鉄筋コンクリートの最大の橋なん。戦前にはいっぱい造られとったけど、戦後はここが初めて。あんた、取材やろ。ノートに書いときや」

あれま、おっちゃん、私の正体、なんでわかったん？

「前にな。東京から取材の人来てたときも、おっちゃんおってんがな。ぴんときた」

そうなん。こりゃ参ったな。それにしても、おっちゃん、ほんま物知り……。

「なんで、都島橋が戦後大阪市初の鉄筋コンクリートやったか知ってるか言うたら、おっちゃんが造ったからや。おっちゃん、井上組いうとこの、大工さんやったん」

そうなんや。立派な都島橋があるのはおっちゃんのおかげなんや。

「それほどでもないけどな。おっちゃん、地下鉄の都島駅かて造ったんやで。地下鉄の車両の長さは二十一・五メートルな。カーブするとこが難しいんや。設計ミスあってな、やり直しになって大変やってんで」

と、おっちゃん、にこにこ。

「地下鉄通るトンネルはな、スイドウ言うねん。知ってるか」

ふむ？　水道？

「ちゃうがな。もっと、難しい字ぃのスイドウや」

もしかして、この字？（と、ノートに「隧道」と書いてみる）。

「そやそや、それや。トンネルとの違い、知ってるか」

知らん。教えてほしいな。

「あんな、両方から掘っていくんがトンネルで、片方からだけ掘っていくんが隧道やがな」

(てな話をにこにこと。そして)、

「おっちゃんの焼酎、おごったろ。飲みぃや」

と相成った。えぇーっ、いいん？　ほないただきます。

「おっちゃんの焼酎、ほんま、おいしいわ。ちょっと他のと違うわ」

(と、私も調子のええヤツや)。

「そやろそやろ」

のおっちゃん。大阪市南区難波新地の生まれ育ちやで、「ジェーン台風の後に都島へ来たんや」という個人話から、「明治十八年の大洪水がきっかけで、淀川の架け替え工事して新淀川つけへんだら、都島は生まれへんかってんで」という、都島を背負って立つ話まで、出てくる出てくる。

ついでに、「都島という名前の由来は何なんやろ」と聞いてみると、それだけは
「お手上げー」とばかり両手を上げて見せるおっちゃん、ほんとにかわいい！

ちなみに、他のおっちゃんが、「難波宮の向こうにある地という意味で呼ばれた

『宮向島《みやくじま》』が訛ったという説が有力」と、都島の由来を教えてくれた。

そんな楽しい「午後酒」は、やっぱり、この店の空気の中だからこそ、と私は思う。お客が入ってくるたびに、威勢のよい声が駆け巡り、カウンターの中の、少しの汚れなどお構いなしの上っ張りを着た大将たちがきびきび動く。というか、張りぼてっぽいカウンターテーブルに、三、四百円が中心のメニュー、上等でない料理皿、邪魔にならないボリュームで阪神の活躍を伝えるテレビ。それらが相まった空気。

二十二歳から三十四年

「ほとんどがおなじみさん。立ち飲みと割烹の中間の雰囲気、気に入ってくれてはるんやと思います」

と、毎朝欠かせない鶴橋市場への仕入れから帰ったあと、仕込みにかかる寸分を縫って少しの時間をとってくれた社長の山岸司郎さん（五十六歳）は言った。年中無休。席数合計七十、メニュー百三十種類の店の切り盛りは、何しろ忙しい。

父親が経営していた酒の小売店を長兄が継ぎ、次兄、三兄も小売店をはじめた。四男の山岸さんは、父親が他人に切り盛りさせていた喫茶店と居酒屋に、大学を卒業したばかりの二十二歳で入ったとか。

「ただ息子やったからだけですわ。大学のときは教師になろかと思てたし、祖父が兵庫県の龍野で戦前に造り酒屋をやってたいうんで、それを復活させるのもええなと思ったこともあったけど、そんな時代でもなかったでしょ。で、仕事は現場の職人さんに教えてもろて、しばらくで自分が教えるほうになって。あっという間に三十四年ですわ」

鐘紡淀川工場があり、その下請け工場も建築関係の会社も山ほどあった。大阪市水道局もあった。だから、昔は毎日店を開けるなり、お客がいっぱいだった。「このごろはほんま、あきまへん。二千八百円で焼酎のボトルキープしてたら、料理一個か二個だけやから」と聞いたあたりで、取材が時間切れになったのがかえって良かったと思う。

何やかや聞くよりも、あの空気感を味わってなんぼの店だと思うから。

（2003年7月取材）

マイペース人生を闊歩するママ

◎阪急東中通　こにし

大阪市北区堂山町6-11　そわぁ〜る堂山２Ｆ
6：30PM〜12：00PMごろ　日曜・祝日定休（2005年春に閉店）

「昔は過激だったけど、今はすっかり丸くなった」というママに聞く、この道四十年の物語。

「とことん話やらな……」


あ、このママ、好きやと思った。

どんなところを、なのかというと、シャキっとしたところ。最初に行ったときに直感した。

どこやらの取材の帰り、阪急東中通商店街を歩いていて、「昔から知ってる店あるけど、寄っていく?」とカメラマン牧田さんが言い、「ほな一杯」と立ち寄った「こにし」のママ。

その日、水割り片手に、牧田さんと過去の「下町酒場伝」の取材話を。いつものごとく「ジブンのそういうとこ、嫌いやわ」と、牧田さんが私に言った。取材先で、先方の自慢話を「たいしたことないな」と心の中で思っても、「すごいですね〜」などと相づちを打って聞いてしまう私のクセ。

「あちらのペースで話を聞くうちに、面白い話が出てくることもある」というのが私の言い分だが、「すごいと思てないことに『すごい』と相づち打つのはあかん」と牧田さんは言う。いかんせん、アルコールが入っている。言い分を引かないのである、私も。ぐだぐだぐだぐだ。

そんなとき、よくあるのは、店のママが「まあまあ、いろんな考え方があるわね」などと収めてくれるケース。ところが、ここのママは、

「そういう話は、とことんやらなあきませんよ」

言い争いが好きなタイプかしらんと思ったのだが。いやいやこの店では、客同士のこの程度の議論など日常茶飯で、もっともっと過激な、本物の論争が行われてきたのだと、あとでうすうすわかった。

どんなお客さんが多いんです？　の答が、

「今はフツーの若い人の方が多いんですけど、昔はほとんどがサヨクの客やったの」

音声で聞いたサヨクが、「左翼」のことだとピンとくるまで、私には何分間かが必要だったけれど。

二十三歳で受けた叔母の薫陶

「こにし」は、カウンター八席、ボックス席十八席余りの「ビストロバー」である。

カウンターの中にはホワイトホース、アーリータイムスといったボトルの横に麦焼

酎・二階堂、メニューにはたち魚のスパニッシュムニエル、すずきのポテトチーズ焼きなどに並んでスルメ。厨房にはコック服のおにいさんがいて、店内の雰囲気を総合すると洋風九割、和風一割といったところか。ところが、

「昔は売り上げ（月に）軽く百万いったのに、今は全然あきません。バブルのときに、もっと儲けといたら良かった。今は四十万切るときもあるの。えらい時代になったもんですわ」

世間話のついでに、「景気どないです？」と尋ねたら、いきなりこうだ。あけっぴろげなママは、まるっきり和風というか浪速風。ところが、ウィーリーさんと呼ばれる外国人男性が夜な夜な九時すぎに現れ、カウンター席に座る。そして、店が混んできたらカウンター内に入り、水割りなどお作りになる。あたかもスタッフのように。

ん？

阪急東中通のビルの２階

聞けば、ウィーリーさんはママが三十年来連れ添っているスイス人のご亭主で、厨房のコックさんは息子さんだとか。ちなみに、ムニエルもポテトチーズ焼きもパスタも風味豊かで、お味グッド。

このあけっぴろげでシャキッとしたママと「サヨク」とスイス人ご亭主と息子さんのおいしい洋食。一見無関係そうな四つの点をつなぐ線を聞いてみたくなる。

「いやや、そんな。取材やなんてとんでもない。うちはもう滅びゆく店やし」

と言うママに頼み込んで、根掘り葉掘りを開始した。

ばりばりの大阪人でしょ？

「違う違う。京都の城陽市。私がいたころは綴喜《つづき》郡城陽町。田舎田舎」

あらま、そうなんですか。もうこの商売長いです？

「昭和三十六、七年から、このすぐ近くの露地にあった五坪の『啓』という店でね。簿記を勉強して、京都で勤めてたんですけど、な〜んか合わへん。で、二十三のときに飲み屋をやってたひと回り上の叔母のところへ来て、生きがい見つけたんですわ、水商売に。この叔母が強烈な人でね。何もわからん私に、毎日毎日『本読め』言うて、感想文まで書かすのよ」

どんな本です？

「『共産党宣言』とか、アントニオ・グラムシの『知識人と権力』とか、ボーヴォワールの『第二の性』とか」

それはすごい。

「叔母は元中学の教師で活動家やった人ですが、当時の運動団体がつまらないと店をやりはじめた人。私に『結婚するな』『子ども産むな』言うわ、自分は活動家とかと同棲するわ。ちょっと、フツーの理解を超えた人でした」

自身は直接の政治活動をするに至らなかったものの、ママはその叔母さんの薫陶をたんまり受けたのだ。店には、おのずと左系の人たちが集う。侃々諤々《かんかんがくがく》の政治論争。

「わからない言葉が出てくると、『それって何？』て聞くでしょう。大学の先生が多いから、みんな喜んで教えてくれましたよ」

教職に戻った叔母に代わって「ママ」になったのが、そのわずか二年後。以来、店ひとすじと思いきや、「結婚して専業主婦一年。妊娠中に離婚」だの「シンガポールで商売しようと思い、英語をがむしゃらに勉強」だの「ウィーリーと結婚してから、一年間スイスに住んだ」だの、いろいろあり。

日本人の外国人コンプレックス

ママの正式な名前は、マイヤー・英子・ウィーリー。六十歳。話が横道にそれるが、ウィーリーさんとの結婚を決めた三十余年前に、彼を京都・城陽の実家に初めて連れて行ったとき、彼が家に入るや否や両親が家中の部屋という部屋のカーテンをすべて閉じて回ったという。「ガイジンが来たなんて、近所の手前、恥ずかしい」と。片や、初めてスイスに行ったとき、ウィーリーさんの両親はチューリッヒの空港に迎えに来てくれ、お父さんが「あなたのために、畳の部屋を作ってあげようね」と言ってくれたのだそうだ。何たる差。

横道にそれたついでに質問。ママ、ウィーリーさんとはどこで出会ったの？

「私、シンガポールで商売しようと思って、英語を勉強しましたやん」

は、はい。

「英語をしゃべれるようになると、商社マンとかがガイジンさんを連れて（店に）来るようになって、店はガイジンさんだらけに」

へ〜。左系と外国人のお客さんが袖すりあうとは。ウィーリーさんはそのうちの一人だったというわけ？

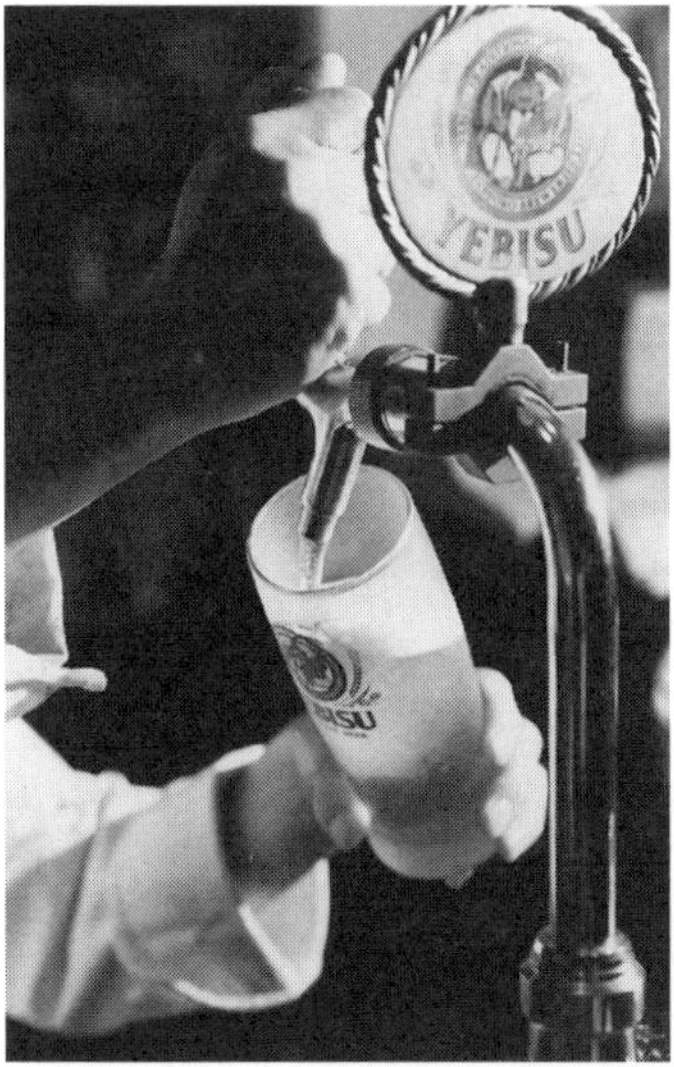

キリッと冷えた生ビール

「そうそう。化学会社に仕事に来てた。ドイツ語の翻訳者やったの」

あ、やったのって過去形にしたらあかん。今もそう。機械のマニュアルとかを日独翻訳する会社の代表取締役。と、ママが教えてくれたのが聞こえたウィーリーさん、

「私のことはいいじゃないですか」

と。まあまあ、そんなこと言わないで。ウィーリーさんからママへ熱心なアプローチだったって？

「いえまあ。ご縁があったということでしょう」

と、あくまで柔和な笑顔を浮かべるウィーリーさんだ。

「日本に帰って来て公団に住むと、『外人と暮らす女は出て行け』いうビラが入って住めなくなって、長いこと店の二階で住んでた。狭い狭いところで。かと思うと、店では彼がモテモテ。ガイジン目当てに来る客多くて、おかげで店ははやったけどね」

なんでこんなあばずれ女と結婚したんや、と目の前で言う客がいるわ、ほんまに結婚してるんかと役所へ調べに行く客までいるわ。日本人のガイジン・コンプレックスやったんやろね、とママ。思わずお客に手が出てしもたこともある、とも。いろいろあったが、店継続。

一方、ママの実家で育った息子の直樹さんは洋食の道に入っていた。フランス・リヨンのレストランで働いていた九年前に、彼の地でママとウィーリーさんと合流。帰

国後、関空にあるホテル勤めを経て、この店に来た――。

なるほど、前述四つの「点」がなんとかつながった。

「職業あてましょか」

ある夜、「こにし」に行くと、カウンターで一人ロックグラスを傾ける、肩まで髪を伸ばした七〇年代風の三十代男性がいる。

「あの子、直樹の佛教大学の同級生。明日出家するんやて。しばらく飲まれへんようになるっちゅうて」

サラリーマンとOL風カップルが、ワインを飲みながら語り合っている。屈託なさそうに見える。

「誰やらに連れられて来てから、彼女連れて来てくれてる、ええ子」

ママの、私への解説が聞こえた彼らはにっこり。二〇〇三年晩夏、店には穏やかな時間が流れている。

ややして、「静かそうな店やから」と、初めての中年男性客二人連れが入って来た。彼らに、

「職業あてましょか」

とママ。学校の先生でしょ。そう。わかりましたか。わかりますよ。

そうこうするうちに、常連だろう三人連れが入って来て、ボックス席に。「桃山学院の○○○○」「関大の○○○○」と、私の世代ですら名前を聞けばぴんと来る、かつての活動家の名前が話に出ている模様。なるほど。

「来るよ、今も。『左翼のドン』も『赤軍のおっさん』も」とママ。

ふと目をやると、カラオケ画面の上に、「NO WAR NO BUSH」と書かれた紙が張られていた。


（2003年8月取材＝2005年閉店）

口福のありがたさしみじみ。
秋の夜長に寄りたい店

◎お初天神

北龍《ほくりゅう》

大阪市北区曾根崎2-5-37　TEL06-6311-5212
6：00PM〜11：00PM　日曜・祝日定休

長年の常連さんに混じっても
バリアがないのは、
三人三様の気遣いがあるからだろう。

路地街の魅力

冷夏だったとはいえ、暑い季節が終わってやれやれ。夜が長くなってくると、きちっとおいしい日本酒できちっとおいしいものを食べたくなる。できることなら風流な店で。と思っていた矢先だった。知人にすすめられ、その店に行ったのは。

場所は、お初天神の東側。近松門左衛門の人形浄瑠璃『曾根崎心中』の舞台となった……なんて講釈は今さら不要だろう。境内の鳥居を左手に見やり、その先の路地へ。

幅一・五メートルあるなしの石畳の小径の両側に、間口の狭い木造二階建て、三階建てが建て込んでいる一角だ。壁にぴたりとくっついて自転車がオブジェのごとく停められた様子に、二年前の『大阪人』十三特集のときに写真家の永田収さんが、「路地の魅力はでこぼこ。増築したであろう家も道に突き出して置かれた植木鉢もでこぼこで、日の当たり方でその雰囲気が変わる」と語っていたことを思い出しながら進み、「北龍」と染められた麻の暖簾をくぐったのだった。

ときおり主好みのジャズがかかる店内にて

安政年間創業の滋賀の酒

「いらっしゃい」

少々くぐもった主の声と、

「いらっしゃいませ」

元気な声一名、透きとおった声一名。妙齢の女性だ。

カウンター「く」の字、十数席ほどの店内を広く感じるのは、席の後ろがゆったりとしているからだろう。天井にも、カウンターとの間仕切りにも、その色つやが長い年月を経ていることを思わせる葭《よしず》が配されている。カウンター内の食器棚にも、壁際の衣紋掛けにも、一朝一夕でつくられたのではない落ち着きがある。

「スローや」

と、同行者。カウンターの中で、透きとおった声のほうの女性が、ざるに取った枝豆をうちわで仰いでいたのだ。ほんまや。スロー。水で冷やすと早いけど、ビタミンが半減するていうもんね、と私は少し知ったかぶりを。

「お飲物、何にしましょ?」

と、元気声の女性。

「う~ん、とりあえずビールください」

「はい、とりあえずビール（笑）」

この受け答えで、店との距離がちょっと縮まった気がした。

お通しに出てきたのが件の枝豆、いや、黒豆だった。両端がきちっと摘まれている。

「こういう端正な姿の黒豆は何年ぶりやろか」

と、同行者再び。私は元気声の女性に、

「これ、丹波の？」

「そう、丹波。今年ももうこの季節」

「早いですよね」

「ほんま、早いですよね」

初めてなのに、旧知であるかのような。墨字で書かれた魚介中心のメニューから、酢ガキとイカの糸づくりとサンマの塩焼きを注文した。その直後に三席向こうの紳士が、

「あっさりしたの、ある？」

と主に聞き、

「今日は、グジの酢〆おまんで」

だったのを耳にし、「あっ」と思ったが、鳥羽からというカキのまったりさや、イカの糸づくりの口に広がる甘さ、サンマの脂ののり加減と大根おろしのきりっとした

辛さに、こちらの選び方も間違っていなかったと得心した。つべこべ言う必要のない極上の味。これは、日本酒でいただかなければという気になっていることを、いったいどのように察したのか、ころ合いに、

「お酒はね。燗するんやったら白鹿、冷酒やったら『きんかめ』いう滋賀のお酒ね」

と元気声。

「きんかめ?」

「彦根城のこと、金亀《こんき》城言いますやん。お城は『こんき』やけど、お酒は『きんかめ』。ヴォーリズ建築の小学校の取り壊しのことで有名になった豊郷《とよさと》町の、安政元年創業の岡村本家。十二代目が、主人が滋賀に疎開してたときの小中学校時代の同級生なんですわ」

「じゃあ、それをぜひ」

滋賀県豊郷町の銘酒「金亀」

ワインクーラーならぬ、まあるいガラス器に氷がぷかぷか浮かぶ日本酒クーラー（？）と共に供された。

「うわぁ、主張あるわ」

と、一口つけた同行者。ふむふむ確かに、と二口つけた私。飲み口しっかり系だ。それでいて、ふわっとした芳香。がぶがぶはご法度。ゆっくりやりなよと琥珀の液体がささやく。はい、ぼちぼちやらせてもらいますとつぶやき、その日は同行者とちょっと込み入った話などしながら杯を重ねる。

極上魚料理の箸休めには、青菜と揚げの炊いたん。良い酒、良い料理を前にすると、込み入った話も込み入らなくなるから不思議だ。

四十年の蓄積

後日伺ったとき、お料理、本当に極上ですね。と言うと、主は、

「魚は、格好を見ただけではわかりまへんから、長いつきあいの本庄公設市場の魚屋はんに任せてます。私は、凝ったことはようしませんから、ま、これくらいの料理でんな〜」

と言う。店を紹介してくれた知人に「嵐の日が続かない限り、活けの天然もんに徹している」と聞いていたが、そんなこだわりをおくびにも出さない。あんなに美味な

るものを供しておきながら。まちがいなく酒場伝の取材対象であると踏んだ。

——長いつきあいって、何年ほどです？

「ちょうど四十年だっ」

——ずうっとお初天神で？

「いいや、ここ来てからは三十年だっ」

主人の北村彰男さん（六十九歳）と姉の敏子さん（七十二歳）が、今は亡き母親と三人ではじめた店だった。察しのとおり、元気声の女性は、彰男さんの奥さん・美枝子さん。透きとおった声の主が敏子さん。

「ほらほら、ケネディ大統領が暗殺された年。一九六三年に、梅ヶ枝町で店をはじめたんです。昔の北区役所のすぐ前の路地のところでね」

とは敏子さん。

「あのころ、国道で酔っぱらって寝とった人多かったなぁ」

と彰男さん。

ときあたかも高度経済成長の最中。丸紅、クラレ、鐘紡など繊維関係のお客がひきもきらず、「北村の『北』と上り龍の『龍』から母親が名付けた」という店名にぴったりの、幸先の良いスタート。しばらくして、「万博を前に、新御堂筋ができる」ことになり、「新しい道路で街が遮断されて、梅ヶ枝町までお客が来なくなるかもしれ

故河原崎長一郎さんも常連だった

ない」と懸念。お初天神近くの今の場所に移転して来たのだという。

――新御堂ができて、人の流れがそれほど変わりました？

「どうでっしゃろ。こっちへ来てしもたら、ここしかわかりまへんから。けど、お初天神はよろしおま」

ええ。路地の魅力って大きいな。戦後の不法侵入だったお初天神の境内に並んでいた店が立ち退きになって久しい。ここ境内横は民有地だ。だが、今や消防法の関係で建て替えはまず不可能。希少価値ありの、貴重な路地街だ。

「ていうか、うちなんか、どうにもなりまへんわ。そやそや、向かいの店に犯人が潜んでいて、刑事が来て、上から飛び降りるっちゅうこと、ありましたな」

なんて物騒な、と思いきや、これ、土曜日の夜の長寿番組だった『部長刑事』のロケの話。今も、カラオケビデオの撮影によく使われるらしい。余談ですが、この前、旅の雑誌で京都の石塀小路の撮影するとき、町会へ企画書出して、それから三千円を前納しないとあかんかったんですわ、と言えば、

「そんなえげつない（笑）」

ここらでは考えられませんわ、町はみんなのもんですやん、と言う美枝子さんは、その昔のＯＬ時代、店のお客だった人だ。

「この店、安全やから駆け込み寺って言われてね。女一人で来るお客さんが昭和三十

年代から多かったの。一人でおいしいもん食べて、ちょこっと飲んで帰れる店って、当時はそんなにありませんでしたもんね」

　ふふふ、この人を目当てに来る人も多かったし。と、美枝子さんは彰男さんをちらと見て、言葉を続ける。お姉さんの敏子さんが「ムラビンスキーのリサイタルに行きたいがために、常連客だった美枝子さんに「一日だけ、私の代わりに店を手伝って」と頼んだ。その日以来、「三十年ほど店に居座ってしまった」と、ウソかマコトかにこにこ笑う美枝子さんである。

　きりりと日本手ぬぐいを頭に巻き、一見寡黙な職人風だが、口を開けばいたって気さくな彰男さんと、所作も言葉つきも控えめな敏子さん、そしてざっくばらんな中に、場の空気を読み取るのが得意の美枝子さん。三人三様の気遣いが、料理をさらにおいしく、酒をさらに味わい深くさせる。

　ある日、一人で店に行くと、三十年来の常連だという滋賀県の大学の先生が杯を傾けていらした。近世の日本経済史がご専門とか。その日、とある町の市民講座でレクチャーして来たという内容の一部を、ひょんなことから教えてもらうことに。

「貴族の前で弾いた音楽には燕尾服が必要だったけど、本来暮らしの中にある音楽は身近なもの。日本の田植え歌や童歌など、庶民は昔から素晴らしい旋律をもっています」

「グレイというグループの、『ハウエバー』という曲、チャルメラ・ソングと同じ旋律です。だから、はやったのかもしれませんね」

奥深い内容を、わかりやすい言葉で、袖すりあっただけのご縁でぽつりぽつりと。私には、「身近な」「庶民の」「素晴らしい」などの単語が、この店の有り様と重なりあって聞こえてきた。そうして、帰りに、路地街を少し回り道して歩いて帰ろうと思うのだった。

（2003年9月取材＝2007年2月、彰男さんが死去し、以後、美枝子さんと敏子さんが店を続ける）

「どうってことない店」であることの貴重さ

◎今福

万長屋《まんちょうや》

大阪市城東区今福西2-12-15　TEL06-6933-9254
5：00PM〜11：00PM　日曜・祝日定休

二十年、三十年、いや四十年通う
おっちゃんたちと共に歩いてきた
年季の入った下町酒場。

これぞ正しい居酒屋

方向感覚だけは任しといてと思っているのに、しくじった。あちら方面に行くには、京橋からバスしか思い浮かばなかったのだ。だから、「蒲生四丁目」での待ち合わせに、たらたら走る市バスに乗って行くと、約束時刻に十分も遅刻。ごめんね、Jさん。

「うっそ〜？　地下鉄乗ったら京橋から二分やのに」

と笑われた。そうかそうか、花博のときについた線があったんや。失礼しました。そんなわけで、本日の行き先は城東区今福。むか〜し、(住んでいた）奈良からバスでこの前の道を通って大阪へ来たこと記憶にあるし、今も車でさらりと通過することはあるけど、こういうことでもなければ個人的にはあまり縁のない方向。

　だから、目に入るものすべて新鮮。

「ほらほら、これが安い店ぎっしりの城東商店街。あそこが蒲四《がもよん》が誇る大企業、牛乳石鹸やったとこ」

結婚以来ずっと二人で切り盛り

と、地元住民であるJさんに説明してもらいながら、今福西バス停の真ん前に「酒の店」のでかいちょうちんがかかる「万長屋」へ。

上半分がすりガラス、下半分が木のガラガラ戸を開けると、思わず「これぞ正しい居酒屋」と言いたくなる光景が。光を押さえた蛍光灯の下に、細長いL字カウンター。おでんの湯気、どて焼きの臭い。高度経済成長を支えたに違いない世代のおっちゃんたち。カウンターの中に、「夫婦って、長年連れ添うと雰囲気が似てくるのかな」と思わせるママとマスター。壁には、東映の女優さんがニーと笑ったカレンダー。BGMは、奥から聞こえる阪神・広島戦のテレビの音声と、大きな車が走るたびに風圧がかかるのだろう、玄関戸ががたがたときしむ音だ。

「いらっしゃい」

意外とドスの聞いた声で、ママに迎え入れられた。

「Jちゃん久しぶり。大きくなって」

この店はそもそも飲み友達からの情報で知ったのだが、「特別な店でないし」と取材拒否。ところが偶然にも、友人Jさんの家のご近所で、知り合いだったことから、「しゃべるの苦手やけど、それで良かったらどうぞ」となった次第。ちなみに、「大きくなって」に、「おかげさんで」と笑って返すJさんは三十代後半。コピーライターさんである。

市内の端っこ

　生ビールを注文してから、メニュー一覧をにらむ。

　野菜いため六百円、からあげ五百円、ニラレバーいため五百五十円、キムチ入り野菜いため六百五十円、塩サバ三百五十円などなど「しっかり食べる」系のメニューが多いのは、「しっかり肉体労働」系のお客さんが多いからかな。と思いつつ、この日の私の気分はあっさり系。おから、ひじき、えんどう&たまご、そしておでんを注文したが、とりわけ、だしの味が効いていて、水分を十分に飛ばしたおからが美味だ。

「さて」の態勢に入ろう。と、その前にJさんに、

「ずっとこのへん？」

　と聞くと、

「そう、小学校のときからずっと」

「ここらへん、何代目？」

「母は大阪やけど、父は秋田なんですワ。若いときは東京の結構高級地に住んでたらしんやけど、セールの肉を買うのに『うちのワンちゃんに』などと気取る人が多いのに嫌気がさして、ざっくばらんと聞いた大阪へ来てみたらしいの」

「すっかり水に合うて？」

「そう、今ではデパートでも値切る、完全大阪のおっさん（笑）」

「完全大阪のおっさん」といえば、あっちで阪神の応援してる作業服のお方も、こっちでごくりごくりごくりといい飲みっぷりをしてらっしゃる背広の二人連れも「完全大阪のおっさん」ぽい。

「さて」と思いながらも、取材態勢に入り損ねた私に代わり、Jさんがサービス精神よろしく口火を切ってくれる。

「ねえねえ、この前の道、今も奈良行きのバス、通ってますん？」

と、ごくりごくりのおっちゃんたちに。

「どやろ。一日一本くらいは見るような気ぃするな」

「いや、近鉄バス。あれ、このごろ産大前までだけちゃうか？」

「そういやそうか。昔は奈良ドリームランド行きのバス、よう走っとったけどな」

奈良ドリームランド？　奈良行きはドリームランド行きやったのか。私、子どものとき、それに乗って大阪来てたことありましてん。乗り換えなしで梅新《うめしん》（梅田新道）まで行けるから言うて。

「東梅田の日興ビルの前な。今もバス乗り場あるよ」

おっちゃん、さすがよう知ってる。

「そらそうや、この店、何年通てると思てんねん」

二十年くらい？

「いや、三十年くらい」

ほらきた。それって、市電が走ってたころから？

「あったりまえよ～。今福は市電の終点で、ここから福島越えて四貫島《しかんじま》行く市電ばんばん走っとったわ。便利やってんで」

きちきち市内で、人口密集？

「そやそや」とJさん。

「井上さん、なんでか城東区は美容院めちゃくちゃ多いのん、知ってる？」

いいや。そんな多いの？

「多いの何のって、そういやあっち歩いてもこっち歩いても美容院だらけ。やっていけるのかと心配したげるほど多い」とはママ。

「この前、テレビで『なんで城東に日本一美容院が多いのか』いうのやってたほど。『理由わからない』が結論やったけど（笑）」

と、人がごちゃごちゃおるからちゃうの？　と、別のおっちゃんの突っ込み。

「私らの田舎では、考えられへん」

田舎って？

「沖縄よ」

へえ？　遠いとこから今福へ。

「兄妹多かったからね」

沖縄のおっちゃんは、なんせ、自分が大阪へ来たのは返還前で、パスポート持って来たからねと。後で、そのパスポートがどんなだったか、大阪に着いてから何をしたかなど教えてもらったと思うのだが、すいません、ビールのあとすでに焼酎お湯割り何杯か進んでいた私は記憶なし（弱くなったもんです）。

工場街の移り変わり

ところで、卵焼きもらお。

「何します？」

卵焼き。

「そやから、ナット？　ネギ？　ニラ？」

卵焼きに混ぜるものの、ご質問であった。で、壁のメニューを見たら、確かに「ナット入り、ネギ入り、ニラ入り」と。「納豆」ではなく、「ナット」なのがご愛嬌だ。長い箸で卵をといで、年季の入った卵焼き器を黒いコンロにかける。ふっくらして塩加減OKの卵に、しっかり粘りのある納豆がばっちりハーモニー。これって、簡単そうで難しいのよね。

酒のアテにもごはんのおかずにもなる品が多い

「そんなこと、あらしませんで。どうってことない料理ばっかり」

と、マオカラーのシャツが似合うマスター。別にどうってことない料理だからいいのだ。こんなところに、カキのオイスターソース煮込みがあれば辛《つら》いもの。

ね、ママ、この店相当貫禄あるね！

「あんまり改修してへんから、昔のまんまあ、もっと昔は玄関が両サイド格子戸で雰囲気あったけど、昭和五十年に、はやりについていこうと思って変えてしもた。今思たら、あのまま置いといたほうが良かったのにね」

万長屋は、もともとママこと赤出敏子さん（六十六歳）のお母さんがやっていた店だった。家業が酒販店だった関係で、一九五五年（昭和三〇）ごろに「工場街やから、お客さんに困らんやろう」と飲み屋をはじめたらしい。屋号は、伏見・藤岡酒造の数年前に製造中止になった銘酒の名から。

娘時代は「実家のおさんどん」に忙しかったから店を手伝ったこともなかったが、結婚後の一九五九年（昭和三四）に、夫婦で「店に入った」と。鹿児島出身のマスター、三千年《みちとし》さん（六十七歳）とのなれそめは、「母が、お客で来ていたこの人を気に入ったの。そんなこと、書かんといてね」だったのに、書いてしまってごめんなさい。

四十何年も前のこと。近くに椿本チェインや松下精工の工場があり、したがってそれらの下請けの小さな工場が山のようにあった。ガラスや鋳物の工場、鉄工所もいっぱい。仕事が終わった工員さんたちが、毎日のように一杯ひっかけにきた。ビール、酒。飲む飲む、食べる食べる。「しっかり食べる」系のメニューは、そのころの名残りか。

「お客はおっちゃんばっかりで、ちょっと怖い感じもあったけど、だんだん慣れていきますやん」

上六《うえろく》（上本町六丁目）の寿司屋をヒントに、串刺しにしないどて焼きを考案し、一番だし、二番だしを活用して、おっちゃんたちの口に合った煮物をこしらえ……。

しかし、ようよう慣れたと思ったら、七〇年代に東大阪に工業団地ができて、多くの中小の工場が移転。跡地や、お客さん曰く「長屋天国」だったところが、マンションに様変わりし、「お客さんが減った」というが、当時を知らない身には、今も十分な数の「おっちゃん客」がいるように見える。

ブライダル紳士服の製造を手掛けて四十年という職人気質のおっちゃん、水道工事業をやりつつ、大阪府に交通標識の無駄な部分をなくすよう提案したというインテリおっちゃん……。新顔の私たちに、ほろ酔い機嫌で地方から出てきた自身の苦労話を、店のおいしさを、町の気さくさを語ってくれる。

ところで、傍らで生ビールをおかわりしているJさん。何かひとこと。

「いや〜、今福の『大阪人』デビューうれしいっ。でも、これで本当に記事になるの？」

もちろんですとも。まさに下町酒場ですもん。あ〜、コップになみなみつがれる焼酎がうまい。

（2003年10月取材）

うまい、安いメニューと、
あたたかい家族

◎南田辺　スタンドアサヒ

大阪市東住吉区山坂2-10-10　TEL06-6622-1168
5：00PM〜10：30PM　日曜・祝日定休

あと二年で七十周年。「爆弾が落ちなかった」という阪和線南田辺駅前に残る店。

すごいのが出てきた

「ここ、三十年前の私の故郷に似てる」

と、友人が言った。岡山県平野部の、当時の国鉄が走っていた小さな町らしい。駅前に、こういうふうにケーキ屋さんと煙草屋さんと食堂があって、うちの建具屋はその先で。うわっ、ほんま、そっくり……と感激されても、私はその町に行ったことがない。だけども、確かに、ひと昔前、日本中あちこちにあったような駅前風景だ。やたら目につく、定休日だからという理由でなく閉まっていそうなシャッターに哀愁が漂っている。

ここは、JR阪和線の南田辺駅前。天王寺からわずか二駅、四分だというのに、三十年前の地方都市にタイムスリップとは、これいかに。細い道路を我がもの顔に占領した不法駐輪の自転車をよけながら、二十メートルばかり歩いて、その店に入るなり、私は、

気さくな親子三人組

「OK」

と、心の中で叫んだ。十席ほどの、朱色あざやかなカウンター用手すり、暖かな湯気、黄ばんだ短冊メニュー。そして、カウンター奥の、古びた（失礼！）おじさんと、きっと息子さん。古き懐かしき時代彷彿は、駅前風景だけではなかったのだった。

「カウンターどうぞ」

で、こりゃあ一等席だと思える、おでん鍋の真ん前へ。

「飲み物、何します？」

は、カウンター手前の、襟元に十八金がさりげなく光る、三十半ばの女性から。

普通の生、ハーフ&ハーフ、黒ありますけど。普通の生を。で、出てきた生は、がんがんに凍ったジョッキに入っていた。

「生ください」

琵琶湖産かな、前に見えるほど良い色加減のモロコの飴煮《あめに》にひかれるわ、おでんの湯気にもそそられるわ、隣席の人が食べているヨコワのお造りもおいしそうだわと迷っていると、

「よかったら、炊き合わせの小鉢しはりませんか」

思わず、

「はい」

目の前を阪和線の電車が走る

するど、すごいのが出てきた。小鉢というより大鉢だ。お正月のおせちのダイジェストみたい。アクセントはきれいにきれいになすび、鯛の子、大根、なんきん、なすび、鯛りをしたいんげん。お味は、まさに含め煮。かつおだしが効いている。

「こうはなかなか、でけへんよね」

と、同業なのに、家族の食事もかなりきちっと作っている友人。このところ、忙しくて朝夜コンビニ、昼定食という、悲しい食事ぶりの私にとっては、ほんと、オーバーではなく涙が出てきちゃう。飲み出すとあまり食べなくなった「おっさん化」を返上、この日は、ビール、お湯割りはほどほどに、おでん、酢ガキ、ゲソバター、きずし、筋子、なす田楽などなど食がどんどん進む。

食べ心地だけでなく座り心地もいいのは、

カウンター手前に、ひじを置くにちょうどいい手すりが、身の丈に合うところに足置きが付いているからだろう。ふと見上げると、三枝さん、きよっさん、カンペイちゃん、大助花子ら吉本の芸人の写真入りサイン色紙がずらり貼ってある。さんまさんの写真がえらく若いなと思えば、「昭和60年」と日付けが。昔から芸人さんよう来てはるんです？　と聞いてみる。

「いいやあ、近所のお客さんで吉本に勤めてる人がいはって、『もろて来たるわ』言うて、次々と持ってきてくれはったんですわ」

お節介もまた人情。下町人情。貼ってあるといえば、あちらの壁に、妖艶なおねえさま二人がドレス姿でビアグラス片手に怪しく微笑むレトロなポスターが二枚。

「あれ？　アサヒビールの昔のキャンペーンガールでしょう、たぶん」

とは、カウンター奥から、おそらく四十代のおにいさん。

「相当古そう」

「そうですねん、もうアサヒの会社にも本物がないらしいですよ。復刻版をこの前見たんですが、女給さん——あ、あのおねえさんは当時の女給さん言うんですか——ドレスが鮮やかな紫色で、手に持ってる扇子が青色。きれいかったですよ」

よく見れば、一方のポスターには、右から書かれた「アサヒ、エビス、サッポロ、ユニオンビール　大日本麦酒（株）」の文字が。あれ？

「ビール会社が統合してた時分ですわ」

なるほど、戦時中のものというわけだ。つまり、この店はそのころすでに営業していたことになる。

「いやいや、そのころ駅から近いから爆弾落とされるちゅうんで、戦争中は中之島へ出て行ってたんやな、お父ちゃん」

へえ？ てな顔で包丁持つ手を休めて上目づかいにじろりとこちらを見た「お父ちゃん」。職人さんは無口かと思いきや、にっこり。

「そうだんがな。朝日新聞に兄さんが二人勤めてたんが縁で、あそこのビルの十階の料亭の人が戦争に行かんならんようになったから、店やってくれへんかいうことになって、四年ほどな」

「(中之島といえば) 私は北区与力町のアサヒビールの社宅で生まれたけど、引っ越して、小学校は愛日《あいじつ》小学校よ。ほれ、尚美堂の息子と同級生やったんや、家によう遊びに行って。モダンな家やったわ。あれから長いこと会うてないけど、元気にしてるやろか」

と、いきなり横道話なだれこみも面白かったが、

「ええの、お父ちゃん、そんな関係ないこと言わんかて。ねえ、お客さん、わけわかりませんやんねえ」

と、手前の女性すなわち娘さんとの、気さくな親子関係もなんだかいいな。

この「お父ちゃん」が、昭和三年(一九二八)生まれの仲野俊三さん(七十五歳)だということは、カウンター前方に貼られた左藤義詮知事時代の調理師免許証でわかる。

伝説のゴッド・マザー

「スタンドアサヒ」は、一九三五年(昭和一〇)十二月十四日に、アサヒビールを定年退職した俊三さんの父親が開業した。討ち入りの日を選んだのは、バンバンバンと成功にあやかって。

「もともとカフェやった店を改造してね。隣のビリヤードの店と二軒はじめたのが、私が女学校のときですやんか」

と、後日話してくれたのは、俊三さんの次姉、安田婦佐子さん(八十二歳)。南田辺駅前は、「まだ木造だった」というシャープへの最寄り駅だったから、朝夕大変に込み合い、付近に下宿している大阪商大(現大阪市立大)の学生も多かった。

「お酒一杯十八銭でしたわ」

父親は華道遠山流の家元でもあったから、日曜日には二階の居宅にお弟子さんらが集まった。アサヒビールの元社員とはいえ、下戸《げこ》だった人がなんで店をはじめたのか、いささかの疑問は残るが、何にせよ開店。母親は、当初「サラリーマンの妻やった私

ひじを置くのにちょうど良い手すりが付いている

がなんで店やらなあかんの」風だったそうだが、先の話に出た中之島の朝日新聞ビル内に移転したころには、もう水を得た魚状態に変わっていたみたい、と。

広告代理店の「日本電報通信社」すなわち電通の社員たちも常連客だった。ほらこの写真見て、と出て来た黄ばんだアルバムに、母親くらさんが若い電通の男性社員たちと共に富士登山し、着物姿で山頂にたたずむモノクロームの記念写真があるではないか。店をはじめた張本人の父親は、一九四三年（昭和一八）に病死。

戦後、南田辺の店に、治外法権を行使するがごとく現れた米兵が無銭飲食しようものなら、どこまでも追いかけて行ったとか、「キリンビールないの？」と聞くお客には、「よそで飲んでちょうだい」と言ったとか、十二年前、八十九歳で亡くなる五十日ほど前まで現役だったゴッド・マザーの思い出話は尽きない。

娘時代に婦佐子さんと長姉が母親を手伝った十何年間、そして俊三さんと亡妻みつえさん中心に、夫を亡くしたあと婦佐子さんが手伝いに入って切り盛りした二十数年を経て、ここしばらくは俊三さん親子三人の時代。

「あと二年で七十周年ですわな」

と、重たい言葉を軽く言い放ち、

「私は外で修業してまへんから、今でも素人料理ですわ」

とかわす俊三さんと、

「もともとカウンター脇の手すりは鉄やったんですけど、（戦時中に）供出したんですわ」

などと自分が生まれる前のことまでよく知っていて、かつ、今や料理人としての絶好調期を迎えている息子の誠一さん（四十三歳）。そんな父と兄を敢然と仕切っているように見える娘の久美子さん（三十七歳）。三人の阿吽《あうん》の呼吸が、店の中に流れている。

「酒」

と、客が言うや否や、昔ながらのお湯が煮えたぎる酒燗器に、白鶴の一合瓶をぽちゃんと入れ、忙しく他の用事をしていても、ころ合いぴったりに上げて、

「はい、熱燗お待たせ」

と供す久美子さんの手技にも、当方、いたく感じ入る。

手間暇かかった料理をお腹いっぱい食べて、そこそこ飲んで、三千円でお釣が来る。

撮影の日、『大阪人』の取材だと言ったら、常連のおじさんがこうおっしゃった。

「この前の、おたくの立ち飲みの特集。あれ読んで、載ってた店あちこち行ったけど、やっぱしこの店が一番やわ」

あのその、そりゃあどうも。

（２００３年11月取材）

「横たわるエンパイヤステートビル」にて

◎船場センタービル　天友《てんとも》

大阪市中央区船場中央1-4 船場センタービル3-B221　TEL06-6262-6429
11：00AM〜10：00PM　日曜・祝日定休

平凡な味こそ不滅。
糸へんが詰まったビルの地下二階に、今日も繁盛しています。

万博開幕三日前にできたビル

ビニール紐でくくった大きな紙包みや紙袋を両手に持ったおばさん、おじさんが往来する。しかしながら、もっともっと混雑しているのではという予想ははずれた。十二月の船場センタービルの地下通路。山下達郎が「きっと君は来な～い」と歌うクリスマスソングが、まばらなお客さんの間を伝い、寂しげに繰り返し流れる。

小売りも可の店が増えて久しいこのビルの中を御堂筋本町から東へ進んで、堺筋本町駅を越え、地下二階に約五十軒の飲食店が並ぶ一画へ。その中に、「昔からめちゃくちゃはやっている、きずしのうまい店がある」と、風の噂に聞いてやってきた。

まずは、その端っこの散髪屋さんの、通路で休憩してらしたご主人に、「船場センタービルって、ほんま、横に長いんですね～」と声をかけてみる。

「そら、船場の中央を東西にぶちぬいてるんやから。東から一号館二号館三号館と続いて四つ橋筋近くの十号館まで、延面積十六万七千二百平方メートル」

通路を行き交う人にも「いらっしゃい」

との即答ぶりにたじろぐ。どうですか？　最近は。

「あきません、もう全然あきません」

前はもっとにぎやかやったんですよね。

「そうそう、通路が（人の頭で）真っ黒やったのにね」

今は昔……ですかね。

「万博がはじまる三日前の一九七〇年三月十二日に、地下鉄堺筋線の開業に合わせてオープンしてから三十三年。五十円やったコーヒーが今三百五十円、五百円やった散髪が三千五百円。ちょうど七倍ですわな」

一を聞いて十を教えてくれた散髪屋さんに感謝。そうして、この散髪屋さんに教えてもらった三軒の「古い」という居酒屋を、ビール一本ときずしを注文して、はしごして回り、三軒目に当たった「天友《てんとも》」に落ち着くことに決めたのだった。

店も客も空気を読む

時刻はまだ四時半。なのに、紫色の暖簾をくぐると、ぽつりぽつりと、すでに年輩のお客さんが。ほとんどが一人客。カウンターとテーブル席、奥には畳の席もある中規模の店だ。「いらっしゃい」「いらっしゃいませ」と何人もの店の人から声がかかり、「お一人やったら、こちらどうぞ」の案内で、入ってすぐの、コの字カウンターの角近くに座る。

目の前、カウンターとおでんの湯気越しに、ウエーブ髪の美しい七十代とおぼしき女性。「おかあさん」と呼びたくなるような。

「荷物、よかったらこれに入れてくださいね」

と、後ろから、スーパーの、みたいな籠を持ってきてくれた女性と、その「おかあさん」は瓜二つ。間違いなく母娘だ。

注文するとほどなく、グラスの九分目まで注がれたお湯割りと、包丁さばきも鮮やかな大根のケンにのったきずしが出てきた。で、そのきずしが、うれしくなるような上品な味。お酢も塩も、強からず弱からず。安価な店にありがちな、ただしょっぱいだけという味では決してない。身の締まり方が半端じゃない。なのに、三百五十円。

「おいしいですわ」

「そう？　ありがとう」

「船場センタービルの中に、きずしがおいしい店があると聞いてきたんですけど、ばっちしここのことやったんですね」

「そう？　ありがとう。味は、三十年来の店長ががんばってくれてるの」

と、フロアの女性がにっこり。もっと話したいが、徐々にお客さんも増えてきて、女性は忙しそう。私は、お湯割り、これ、芋やわ、と思いながら、手持ちぶさたを埋めるため、さっきビルの通路でもらって来た、情報誌『いちょう並木』をぱらぱら。歌舞伎の片岡秀太郎さんのインタビュー記事を読んでいると、しばらくして、

「この人の奥さん、高田美和さんでした？」

との声が、件の女性から。確かそうでしたっけ？　いや、どうでしたっけ？　私、そういうのに疎くて。

「おかあさん、どうやった？」と、その女性がカウンターの中のおかあさんに。

「……」（聞こえない）

「てなこと、言うてますわ。ははは」

「ん？」と私。

「高田美和のお父さんは、高田好胤さんやろて言うてます。アカンわ。ははは」

と、フロアを忙しく行ったり来たりする中、ほんの少しだけ初めての客をかまってくれる。かまいすぎず、放ったらかしにせず。なかなかＯＫ。空気を読むのがうまい、と思ったのは、フロアのその女性のみならず、たまたま隣席したお客さんたちも、だった。

「船場センタービルができたころは、まだこのあたりに木造の商家がぽちぽち残っていましてね。誰が詠んだか、『浴衣がけの社長に逢うた堺筋』という句も、さもありなんと思えるような雰囲気でしたよ。地方から仕入れに来る人が風呂敷包みをせたろ

うて、ようけ歩いてはりましたしね」

長いことこの辺りなんですかと声をかけてみた隣席の白髪紳士は、一言ふた言交わすうちに、そんな話をしてくれた。

「船場センタービル、当初なんて呼ばれたか知ってます？」

いいえ、知りませんけど……。

「ふふ。『横たわるエンパイヤステートビル』ですわ。ね、横に一キロ以上あるわけやから、これを積み上げたら、マンハッタンのエンパイヤステートビル以上の高さになりますわな。ははは」

ふた言三言のあと、そんなふうに語ってくれたのも、やはり船場センタービルの事始めを知る、もう一人の年輩紳士。

そうか、ここは横向きの摩天楼だったのか。

「糸へんのプライドですね」

なるほど。プライドときましたか。

次第にグループで入って来るお客が増え、徐々に店内が活気づいていく中、私はお湯割りをおかわりしつつ、百種類以上ありそうなメニューから、しつこくも「カブラきずし」（きずしをカブラの漬物で巻いたもの）と菜の花ゴマ和え、そしておかあさんが守っているおでんのこんにゃくと玉子を注文。いずれもおいしくいただきました。

「川の流れのように」

天友は、船場センタービルがオープンした二年後の一九七二年（昭和四七）のオープンだった。創業時の主は、故・出合友七さん。名前の一文字と、「天から授かった」という思いから店名を付けた。

「身内が誉めるのも何ですが、本当に、立派なお方でした」

と、おかあさんことよし子さん（七十七歳）。夫婦とも和歌山は有田の出。友七さんは、戦前に上阪し、市内の酒販店に奉公した。

「よう働いたから、食事のときに他の丁稚さんとは別に、一人だけタカデンで食べさせてもろたというお方で……」

ん？　タカデン？「高いおデン」。あ、わかった。サ行がタ行になる和歌山弁だ。

戦後、復員した友七さんが、「紹介してくださる方がいて」郵便局に勤めていたよし子さんと結婚し、ほどなく再上阪。南田辺の公設市場の中で酒販店を開業。店に郷里の若い者を呼び、育てた。よし子さんは、何人もの従業員のまかない作りに忙しい日々……と、絵に描いたような戦後庶民史だった。

「酒屋ですから、自分とこの酒をはかせるために、立ち飲みからはじめたんです」

従業員に、西田辺と岸里、鶴ヶ丘、浅香山で「小さい小さい」店をやらせ、五番目の店として「アサヒビールさんがすすめてくれはった」船場センタービルに出店……したのは良かったものの、その一年後に、友七さん心筋梗塞で急逝。「えらいこっちゃ」だったに違いないが、過ぎてしまえば、何もかもが美しい思い出に変わるタイプか。「従業員もお客さんも、いい人ばっかり。おとうさんがいい店をお土産に残してくれはったおかげで、川の流れのようにゆるやかに～生きて来ることができた。私は幸せ者です」と。

ちなみに、「川の流れのようにゆるやかに～」のフレーズが出てきたよし子さんは、自宅に「ひばりちゃんの部屋」をつくるほどのひばりファン。ポケットにありし日のひばりさんとのツーショット写真を忍ばせ、夜な夜な「三十年間、だしをつぎ足しつぎ足ししている」おでん鍋の前の定位置に立っているのであった。

先述したとおり、空気の読み方のうまい、娘の京子さんは東京でアナウンサー修業を積んだ人。十五年前に大阪に戻り、以来助っ人に。

「私らのこと、あんまり書かんといてくださいね。それより、店長が毎朝自分で木津市場へ仕入れに行ってること書いといてください」

と、母娘は口をそろえる。

では、と件のきずしのことを店長に尋ねてみたら、

「塩と酢漬けを一晩。コツといえば、それ以上長くは漬けないことくらいかなぁ。カ

「なかなかないよ、こういう店」とご常連

ブラきずしのカブラは、聖護院。どうやって作ってるかって？　家庭料理を工夫しまして……」

　と、肩の力皆無の返答が。刺身、煮物、揚げ物、焼き物などなど店のメニューはすべて家庭料理が基本。酒屋の従業員から抜擢されて三十三年の店長は、温厚な面持ちで言う。

「平凡な味を作るのって、難しいんですよ」

　問屋の社長らしき年輩紳士からサラリーマングループへと、時間の経過につれて客層が変わる天友は、午後七時～八時ごろにピークを迎える。五十二席がほぼ満席となり、いったい船場センタービルのどこに、こんなに人がいたのだろうと思えるような活気に包まれる。

「糸へんのプライド」のあるビルの中で、おそらく三十余年さほど変わらぬ光景。その光景を見ながら、三十年後もこの店が存在してほしいなぁと思った。できたら、にぎわいを取り戻した「横たわるエンパイヤステートビル」の中に。

（2003年12月取材）

儲けは後からついてくる

◎千林

丹倉《たんくら》

大阪市旭区千林2-2-19　TEL06-6953-9813
11：30AM〜9：00PM　火曜定休

コップ満タンの吟醸すら
気ずつないほど安いこの店には、
饒舌オヤジが今日もいっぱい。

ベタベタの商店街の中

「あんたどうしたん、元気ないな」

「欲しいもんいっぱいあって、私、困ってんねん。服やろ靴やろパンツやろバッグやろ～」

「なんや、そんなことか。それやったら千林商店街のバーゲンロードに行ったらええねん」

「行ってみよか～」

京阪電車の千林駅を降りるや否やの千林商店街の頭上から、いきなりこんな会話のマイク放送が聞こえてきて、笑けてきた。続いて音楽がかかり、

「～あなたも私もララ～ラン、いつもさわやかアーケード、いち、じゅう、ひゃく、せん千林～」

と、男声ソロ。おそらく商店街自作自演の放送だろう。「なんぼベタやねん」と突

「生中一丁～」「ハイよ～」マスターの笑顔もごちそう

っ込み、思わずのぞくと「いやあイイもの売ってるわ」と感心する衣料店や靴店が軒を連ね、にぎわう商店街の中を歩くこと数分。

「ここここ」

本日の案内人Mさんが指す店に着いた。「丹倉《たんくら》」という屋号よりも数倍大きい、「酒」と一文字だけ書かれた赤いちょうちんがデーン。

西成のあの店も大阪港のあの店も道頓堀もあの店も、次回こそと思っているうちに連載最終回となり、一軒にしぼれず、飲み歩きつつ頭を抱えていたとき、Mさんから、「めちゃええ店見つけた。今年五十年になるって。井上さん、あの店を書かな下町酒場伝終わられへんで。(取材を)申し込んできたよ」

と一報が。マスターは取材なんて嫌やという感じやったけど、『大阪人』を読んでいるという常連さんがいて、あの欄やったら出なあかんて説得してくれはった。いつ行く？　と。

あらま。こういううれしいお節介は連載冥利につきる。そこまで言われたら行かなきゃ。で、来たら、さすが、ベタベタの立地だった次第。

笑みがこぼれる「十四代」

ガラス戸を開けると、赤い顔をしたおっちゃんたちの視線がいっせいに飛んできた。

「あんたら誰？」みたいな。明らかに常連で埋まっている店。しかし、あんたら誰？の視線の五秒後にはもう、もとの空気に戻った。

「ここ座る？　僕、こっち行くから」

「えらいすいません」

二席続きを空けて、L字型カウンターの壁際の席に移動してくれたお客さんは、

「えらいこっちゃ。ここ座ったら死ぬねんな」

と、カウンター内のマスターに。

死ぬ？

「そや、去年は四人死んだ、そこへ座ってた人が」

と、涼しい顔のマスター。

「順番や。ははは」

「えらいところへ座らしてしもてすんません。この間はども」とのMさんの言葉から、この人が当誌読者の常連さんだと判明。

千林商店街で今年ちょうど50年

まずはビールを頼み、私はおでん、Mさんはどて焼きをつつく。そして、長年の熱気と汚れが染み付いた棚に張られた酒メニューを見る。

「すごいよね、八海山七百円、久保田千寿六百円。安い」

同じ目線だったらしく、Mさんが言う。しかも、大きな大きなコップ満タンの値段だということが、周囲を見渡せばすぐにわかる。と、そのとき、

「日本酒もいけるの?」

と、死亡席の常連氏。

「ええ、好きですけど」

「ほな記念に、アレ一杯おごらしてもらうわ」

ラッキー。一期一会の方に悪いなと思いつつも厚意に甘える。大コップなみなみで出て来た、アレこと黄金色に輝く酒の名は、山形の「十四代」本丸。「いただきます」と口に含む。

「どない?」

と問い、

「何ともいえん清々しい香り。果実酒みたいな蒸留酒みたいな、すっきりとした飲み口。そのくせ、米のうま味がしっかりとある」

と、こちらが探していた言葉を被せてくる死亡席氏に、私たちは、

「そうそう、そうです」

ほんま、果実酒みたいな蒸留酒みたいな。こんな大衆店に、こんなうまい酒がなんで？　の疑問が顔に出たのを察したらしい死亡席氏が言う。

「ほんまやったらプレミアついてすごい値段やのに、マスターはインターネットで上手に買《こ》うてきて、安うで飲ませてくれるん」

さて、アテは？　と、メニュー書きを見ると「こまい」に目が止まる。北海道の？　珍しいな。ぜひ。それから湯豆腐も。どちらも二百八十円。こまいは、私のイメージしたカチカチの干物ではなく、白身ふんわりの一夜干し。湯豆腐はたっぷりのおぼろ昆布と刻んだユズの皮が載って、だし汁と共に供される、天六の上川屋タイプ。十四代をちびちびと嘗《な》めながら、それらにゆっくりゆっくり箸をつける。おいしい、とMさんと言い合うと、

「何食うてもうまい。マスターが料理上手やから」

「この店は当たりはずれないんよ」

と、外野からどんどん声が飛んでくるのは、常連さん同士の以心伝心。こちらが取材の下見だと、すでにバレていたからか。

「二年前、病気になるまでマスターのお母さんが、そこんとこに立ってはったん。上品な人で、私ら（店に）入って来ると、奥からこんな感じで挨拶してくれはった」

と、品をつくって会釈してくれるおじさんはいるわ。二人の従業員さんを、

「こっちがタクちゃんで、あっちがカキヒラさん」

と、紹介してくれるおにいさん、

「この店ではな、どっかの社長はんと、ホームレスに近いような人が隣同士、酒飲んで盛り上がることもあるんや。ええやろ？」

と、にっと笑うおじさんはいるわ。ちょっとちょっとと手招きし、プレスリーとアラン・ドロンと五木寛之と浜村淳と同い年だと自己紹介し、

「丹倉の『丹』ていう字、事典で調べてみぃ。真心、もてなしていう意味があるん。先代さんが上手に名前付けはったもんや」

と、教えてくれる年輩おじさんもいるわ。

「創業のころからの常連さんは毎年亡くなっていくけど、私よりか古い人はなんぼもいはる」

と、後で、カウンターに入って三十三年のマスター、宇杉和男さん（五十五歳）から聞いて納得だが、それにしても、店を語り出したら止まらない饒舌客が多いのはなぜだ。ここらあたりの人はみんな口数が多く朗らかなのかと、来るときに聞いた商店街の笑える広告放送をほろ酔い頭で思い出す。あ、商店街の洋装店にセンスのいい洋服が並んでいたのと同じように、この店にはいい酒とアテが……。穴場やん、千林。

にぬき15円の時代から

後日、マスターと一対一。

「丹波から出てきた倉蔵さんていうおじいさんにちなんだ屋号です。倉蔵さんは森ノ宮で酒販店をやってて、それで、息子たちに居酒屋をさせたのがはじまりやと聞いてます」

開店したのは、一九五四年（昭和二九）の二月。マスターが四つか五つのときだった。当時の鮮明な記憶はないが、父、小一郎さんがそのころから無口で、「へんこ」と呼ばれていたことは何となく覚えている。二人の住み込み従業員を雇い、共に店を切り盛りした母タマさんは社交的だった。

「写真、持って来たんですけど」

と、マスターのポケットから出て来たモノクロ写真は、開店まもないころらしき店内カウンターの中に佇む父と母それぞれ一葉。美男美女。後ろに、にぬき15円、きも焼き15円、関東煮《かんとだき》5円、焼き鳥15円、湯豆腐10円、うに15円……と品書きが。そう、昔はゆで玉子をにぬき、おでんを関東煮と言ったなぁ。それにしても、にぬきとうにが同じ値段だったとは。隔世の感あり、である。

酒は当時から白鹿を置いていたというから、この店にはきっと、大衆店ながらのプライトが。酒を出すたび、お客の前のカウンターテーブルにチョークで「正」の字を書いていき、勘定のときにチェックするのが父親のやり方だった。

「て言うてもね、親父は三十年前、ちょうど今の私と同じ年のときに亡くなりまして。私は大学時分から手伝い、スーパーに就職したけど半年で辞めて店に入りました。昭和四十九年でしたか」

水道、屋根関係、左官など職人さんが多かったから、「雨が降ると忙しい」という、通常の店と逆転現象が起きていたという。こんなこと言うのは気恥ずかしいけど、という顔をしながら、マスターはボソッとこう言った。

「汗水垂らして働いて、食べに来はるねんから、ええもん出せよ。儲けを先に考えたらあかん。儲けは後から付いてくるもんや……。親父はようそう言うてました」

多くを語らないマスターから聞き出せたのは、だしに使う砂糖は生ざらめだけ。おでんのおつゆは毎晩捨てる。マグロは本マグロしか使わない。地酒ブームのころ、北陸へ旅行した。大阪で何万もする吟醸が、あちらでは「普通」の値段で売られていたから、工夫して仕入れることにしたのが、地酒を置きはじめたきっかけだということくらい。

それにしても、酒もアテも、儲けは後からもついて来ないのではないかとよけいな心配をしたくなる。しかも、常連さんには「日ごろの感謝を込めて」茶碗蒸しの具を豪華絢爛にしてしまうし、初めての客には「これからも来てね」の願いを込めて、たとえば焼そばなら二玉出してしまうと笑う。それやったら、つまり、お客さん全員にサービスしてるということですやんか。もうちょっと儲けてもらわな気ずつないですわと言えば、

「ちょっと前まで三万円やった職人さんの日当が、この不況で今一万二千円ほどに下がってる。こんなときでも来てくれはんねんから……」

そんな気持ちが、言わずもがな。吟醸ちょこっと飲んでそこそこ食べても三千円ちょっと。お湯割りあたりなら千円ちょっと。二千円で焼酎をキープしたら、千円未満も大いにあり。

さてさて、五十周年記念日となる二月のXデーが近づいてきた。撮影の日、件の古い写真を常連さんたちに見せると、彼らは口々に言う。

「マスター、記念日は五十年前の値段でやろ」

マスターは笑いながら「そんなアホな」と言うけれど。さ〜て、Xデーはどうなりますかね？

（2004年1月取材）

こってりと見えるのにあっさりした、丹倉のおでん

あとがき

いや、ほんま。よく飲み、よく食べた二年半だった、と我ながら思います。

この本は、大阪都市協会発行の月刊『大阪人』の2001年11月号から2004年5月号まで連載した「下町酒場伝」にわずかに加筆修正したものですが、こう見えて、一軒の店を取材するのに毎月二、三軒はボツにした店でも飲んでいるので、ほんとにもうちょっとでアル中になるところでしたし、終電を逃したあとのタクシー代がかさみ、財布がすっからかんになるところでした。

やれやれ。終わってやれやれではありますが、寂しくもあります。下町酒場を旅することが仕事ぬきで、やみつきになりそうです。

文庫本化にあたって、あらためてゲラを読むにつけ、良くも悪くも「やっぱり大阪やなあ」と思えます。強烈な個性を持つ店主の店が多いこともありますが、「いっちょかみ」する常連さんの、なんと多かったことか。いちおう取材ですから、こちらから隣席のお方たちに声をかけることもたびたびありましたが、そうすると「待ってました」とばかりに応じてくれる。あるいは、こちらが見慣れぬ客だと見ると、自分から声をかけてくれるおじさんも、少なくありませんでした。

一期一会の新左衛門に、そのおじさんたちは店を背負って立つような話や、その店のある地域の話を語ってくれる。自慢話あり、おじさん自身のライフストーリーあり、町の歴史話あり。ほろ酔い同士の出会いですから、ちょっとは脚色もありかな、と思いますが、それがまたいい。ときに、そんなお客同士の他愛ない話を、カウンターごしに店主が聞くとはなしに聞いていて、ころ合いに口をはさんでくれたり、おすすめの酒を案内してくれたり。

「いっちょかみ」は、ちょっとだけ口をつっこむという意味の大阪弁でしょう。酒場は「いっちょかみ」があるから面白い。そして、その「いっちょかみ」も、空気を読んだものであるからおいしく飲めるのだと思います。

それもこれも、店主が意図した雰囲気なのか、意図せずして醸された雰囲気なのか。戦前から歴史を刻む店も、戦後のどさくさからはじまった店も、「まだ三十年」の店もありましたが、居酒屋の雰囲気は、店主の人柄そのものだと思えたので、取材ではときに「どっちでもよろしいやん」と言う店主にも、店のストーリー、店主のストーリーを根掘り葉掘りさせてもらいました。

私にとって、居心地の良い居酒屋は「庶民文化の殿堂」です。いつまでも、殿堂であり続けてほしいと思ってやみませんが、残念なことに、初出連載後、二軒の店がその歴史に幕を閉じました。本書に、あえてその二軒も掲載したのは、徐々に減りつつある庶民文化の店を記録に残したかったからです。また、後にメニューの値段等が微動したケースもありますが、本書には初出時の数字のまま残しました。

私が言うのも何ですが、カメラマン牧田清さんの写真が好きです。文章に書ききれなかった場の雰囲気を、瞬時にとらえてくれました。『大阪人』連載時には、担当編集者の水嶋真弓さんと本渡章さん、編集長の北辻稔さん、文庫本刊行にあたっては筑摩書房の青木真次さんにお世話になりました。加えて、各店の店主と多くの袖すりあった人たちにお礼申し上げます。

二〇〇四年六月

井上理津子

本書は、『大阪人』に掲載されたものを文庫オリジナルとして刊行するものです。

誘拐　本田靖春

戦後最大の誘拐事件。残された被害者家族の絶望、犯人を生んだ貧困、刑事達の執念を描くノンフィクションの金字塔！（佐野眞一）

乗っ取り弁護士　内田雅敏

会社を喰いつぶす悪徳弁護士と著者との激しいバトル！　一皮むけば魑魅魍魎がバッコするビジネス社会の断面を記録する。（魚住昭）

日本のゴミ　佐野眞一

産廃処理場、リサイクル、はてはペットの死骸まで、大量消費社会が生みだす膨大なゴミはどこへ行こうとしているのか？　大宅賞作家渾身の力作。

タレント文化人筆刀両断！　佐高信

御用文化人、反動政治家、企業トップ等を〝人斬り佐高〟がメッタ斬り。文庫化に当たり安倍晋三、養老孟司等、最新の顔を増補。（岡留安則）

決定版 ルポライター事始　竹中労

えんぴつ無頼の浮草稼業！　紅灯の巷に沈潜し、アジアへと飛翔した著者のとことん自由にして過激な半生と行動の論理！（竹熊健太郎）

出版業界最底辺日記　塩山芳明　南陀楼綾繁編

エロ漫画界にその名を轟かす凶悪編集者の日記。手抜き漫画家、印刷所、大手の甘ちゃん編集者……に、下請けの意地で対抗する〝血闘〟録。（福田和也）

風俗の人たち　永沢光雄

平成日本の性風俗とそこに生きる人たちをユーモラスな筆致でとらえたルポルタージュ。『AV女優』で話題を呼んだ著者の第二作。（永江朗）

赤線跡を歩く　木村聡

戦後まもなく特殊飲食店街として形成された赤線地帯。その後十余年、都市空間を彩ったその宝石のような建築物と街並みの今を記録した写真集。

エロ街道をゆく　松沢呉一

セックスのすべてを知りたい。SMクラブ、投稿雑誌編集部、アダルト・ショップなどエロ最前線レポート。欲望の深奥を探り、性の本質に迫る。

タクシードライバー日誌　梁《ヤン》石日《ソギル》

座席でとんでもないことをする客、変な女、突然の大事故。仲間たちと客たちを通して現代の縮図を描く異色ドキュメント。（崔洋一）

ちくま文庫

大阪《おおさか》下町酒場《したまちさかば》列伝《れつでん》

二〇〇四年八月十日　第一刷発行
二〇一一年九月三十日　第七刷発行

著者　井上理津子（いのうえ・りつこ）
発行者　熊沢敏之
発行所　株式会社　筑摩書房
東京都台東区蔵前二—五—三　〒一一一—八七五五
振替〇〇一六〇—八—四一二三
装幀者　安野光雅
印刷所　三松堂印刷株式会社
製本所　三松堂印刷株式会社

乱丁・落丁本の場合は、左記宛にご送付下さい。
送料小社負担でお取り替えいたします。
ご注文・お問い合わせも左記へお願いします。
筑摩書房サービスセンター
埼玉県さいたま市北区櫛引町二—六〇四　〒三三一—八五〇七
電話番号　〇四八—六五一—〇〇五三

ISBN978-4-480-03989-7　C0195